Deutsch

Berlitz Languages, Inc.
Princeton, NJ
USA

For use exclusively in connection with Berlitz classroom instruction.

Berlitz Languages, Inc.
400 Alexander Park Drive
Princeton, NJ
USA

INHALTSVERZEICHNIS

Kapitel 5

Kapitel 6

Kapitel 7

VORWORT

Der vorliegende Band ist für Schüler der Sprachstufen 1 – 2 gedacht und ist nur in Verbindung mit dem Unterricht an einer Berlitz-Schule zu benutzen.

Ziel dieses Programms ist es, in kürzester Zeit die Fähigkeit zur flüssigen Konversation aufzubauen. Der Schüler braucht keine Kenntnisse in der Sprache mitzubringen. Diese werden im Unterricht vermittelt.

Das Unterrichtsprogramm besteht aus einem Arbeitsbuch, einem Lehrerhandbuch und einem Audioprogramm.

Von Zeit zu Zeit werden vom Lehrer Hausaufgaben erteilt, die mit dem Arbeitsbuch vom Schüler zu Hause zu erledigen sind.

Das Programm ist in 12 Kapitel unterteilt. Die Kapitel beinhalten Dialoge, Texte und Übungen, mit deren Hilfe der Schüler Grammatik, Wortschatz, Satzstellung und Redewendungen erlernt.

Wir freuen uns, diesen Kurs dem Angebot des von Berlitz verwendeten Lehrmaterials hinzufügen zu können.

KAPITEL

1

Herr Schulte:	Guten Tag, Frau Berger!
Frau Berger:	Herr Schulte, guten Tag! Wie geht es Ihnen?
Herr Schulte:	Danke, gut! Und Ihnen?
Frau Berger:	Danke, auch gut … Herr Schulte, das ist Herr Campbell.
Herr Campbell:	Freut mich.
Herr Schulte:	Mich auch. Woher sind Sie, Herr Campbell?
Herr Campbell:	Ich bin aus England.
Herr Schulte:	Ach so! Sind Sie aus London?
Herr Campbell:	Nein, aus Oxford. Aber Sie sind aus Deutschland, Herr Schulte, oder?
Herr Schulte:	Ja, ich bin aus Deutschland. Aus Berlin.

WER IST DAS?

FRAU BERGER

Ist das Frau Berger?
– *Ja, das ist Frau Berger.*

Ist Frau Berger aus England?
– *Nein, sie ist nicht aus England.*

Woher ist sie?
– *Sie ist aus Österreich.*

Ist das Herr Schulte?
– *Nein, das ist nicht Herr Schulte.*

Wer ist das?
– *Das ist Herr Campbell.*

Ist Herr Campbell aus Spanien oder
aus England?
– *Er ist aus England.*

HERR CAMPBELL

HERR SCHULTE

Und wer ist das?
– *Das ist Herr Schulte.*

Ist er aus Österreich?
– *Nein, er ist nicht aus Österreich.*

Woher ist er?
– *Er ist aus Deutschland.*

	Land	Stadt
Frau Klammer	Österreich	Salzburg
Herr Schulte	Deutschland	Berlin
Frau Luengo	Spanien	Madrid
Herr Latour	Frankreich	Paris
Frau Streiff	die Schweiz	Bern

ÜBUNG 1

1. Ist Frau Klammer aus Österreich?

2. Ist sie aus Wien?

3. Ist sie aus Salzburg?

4. Wer ist aus Deutschland, Herr Schulte oder Frau Klammer?

5. Ist Herr Latour aus Frankreich?

6. Ist er aus Berlin oder aus Paris?

7. Ist Frau Streiff oder Frau Luengo aus Madrid?

8. Ist Frau Streiff aus Frankreich?

9. Woher ist Frau Streiff, aus Deutschland oder aus der Schweiz?

10. Wer ist aus Berlin?

Das ist Deutschland. Ist Deutschland eine Stadt? Nein, Deutschland ist keine Stadt. Deutschland ist ein Land. Und Berlin? Ist Berlin eine Stadt oder ein Land? Berlin ist eine Stadt. Ist Berlin in Italien? Nein, Berlin ist nicht in Italien. Berlin ist in Deutschland.

Ist Bern auch in Deutschland? Nein, Bern ist nicht in Deutschland. Wo ist Bern? Bern ist in der Schweiz. Ist die Schweiz eine Stadt? Nein, die Schweiz ist keine Stadt. Die Schweiz ist ein Land, ein Land in Europa.

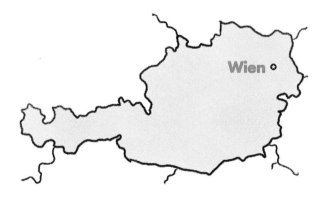

Und was ist Wien? Ist Wien eine Stadt oder ein Land? Wien ist eine Stadt. Wien ist eine Stadt in Österreich. Und München? München ist auch eine Stadt, aber nicht in Österreich. München ist eine Stadt in Deutschland.

Bonn ist in Deutschland.   Rom ist **nicht** in Deutschland.

Die Schweiz ist **ein** Land.   Zürich ist **kein** Land.

London ist **ein<u>e</u>** Stadt.   England ist **kein<u>e</u>** Stadt.

---

    nicht ein(e)   **kein(e)**

ÜBUNG 2

Beispiele: Ist Amsterdam in Italien?
        Nein, Amsterdam ist <u>nicht</u> in Italien.

        Ist München ein Land?
        Nein, München ist <u>kein</u> Land.

1. Ist Köln in Spanien?

2. Ist New York ein Land?

3. Ist die Schweiz eine Stadt?

4. Ist Moskau in China?

5. Ist Schweden eine Stadt?

6. Ist Düsseldorf ein Land?

7. Ist Irland eine Stadt?

8. Ist Frankfurt in Österreich?

9. Ist Heidelberg in Portugal?

10. Ist Bern ein Land?

11. Ist Japan in Europa?

12. Ist Frankreich ein Land in Asien?

ÜBUNG 3

A. *Beispiele:* Ja, Mailand ist eine Stadt.
Ist Mailand eine Stadt?

Nein, Mailand ist kein Land.
Ist Mailand ein Land?

1. Ja, Luxemburg ist ein Land.

2. Ja, Frau Maas ist aus Holland.

3. Nein, Moskau ist kein Land.

4. Nein, Japan ist keine Stadt.

5. Nein, Frau Tuccini ist nicht aus Deutschland.

6. Ja, Frau Carter ist aus England.

7. Ja, Herr Hintz ist aus Frankfurt.

8. Nein, Israel ist keine Stadt.

9. Ja, Polen ist ein Land.

10. Nein, Herr Rösner ist nicht aus Zürich.

B. *Beispiel:* Deutschland ist keine **Stadt**.
Was ist Deutschland?

1. Rom ist nicht **in Japan**.

2. Frau Meisel ist nicht **aus Köln**.

3. Das ist nicht **Herr Brehm**.

4. Herr Maas ist nicht **in Polen**.

5. Das ist nicht **Brüssel**.

6. Das ist nicht **die Schweiz**.

7. Prag ist nicht **in England**.

8. Frankreich ist keine **Stadt**.

9. Herr Künzli ist nicht **aus Wien**.

10. Tokio ist kein **Land**.

ÜBUNG 4

Beispiel: Herr Schulte __*ist*__ aus Deutschland.

1.   Das Brandenburger Tor ist _____ Berlin.

2.   Entschuldigung, sind _____ aus Deutschland?

3.   Frau Berger ist aus Österreich, _____ ist aus Salzburg.

4.   Woher sind Sie? Ich bin _____ Hamburg.

5.   _____ Sie aus Tokio?

6.   Ich _____ nicht die Deutschlehrerin.

7.   _____ ist Herr Chartier?

8.   Mailand ist in Italien. Rom ist _____ in Italien.

9.   Amsterdam ist _____ Land.

10.   Ich bin aus Deutschland, _____ ich bin nicht aus Heidelberg.

aus
in
auch
sie
aber
kein
bin
Sind
ist
Sie
Woher

0	null	7	sieben	14	vierzehn
1	eins	8	acht	15	fünfzehn
2	zwei	9	neun	16	sechzehn
3	drei	10	zehn	17	siebzehn
4	vier	11	elf	18	achtzehn
5	fünf	12	zwölf	19	neunzehn
6	sechs	13	dreizehn	20	zwanzig

ÜBUNG 5

A. *Beispiel:* 7 ___**sieben**___

1. 11 _____

2. 15 _____

3. 6 _____

4. 0 _____

5. 19 _____

6. 2 _____

7. 20 _____

8. 4 _____

B. *Beispiel:* fünf ___**5**___

1. vierzehn _____

2. neun _____

3. zwölf _____

4. drei _____

5. acht _____

6. sechzehn _____

7. zehn _____

8. siebzehn _____

Wer ist das?
– Das ist Frau Berger.
          Herr Schulte

Ist das Herr Schulte?
– Nein, das ist nicht Herr Schulte.
  Das ist Herr Campbell.

Ist Herr Schulte aus Österreich
oder aus Deutschland?
– Er ist aus Deutschland.

Woher ist Frau Berger?
– Sie ist aus Österreich.

Wer ist aus Deutschland?
– Herr Schulte ist aus Deutschland.

Ist Deutschland eine Stadt?
– Nein, Deutschland ist keine Stadt.
  Deutschland ist ein Land.

Ist Berlin in Italien?
– Nein, Berlin ist nicht in Italien.
  Berlin ist in Deutschland.

Ist Berlin eine Stadt oder ein Land?
– Berlin ist eine Stadt.

Und was ist Wien?
– Wien ist eine Stadt in Österreich.

Und München?
– München ist auch eine Stadt,
  aber nicht in Österreich.

Wo ist Bern?
– Bern ist in der Schweiz.

Sind Sie eine Deutschlehrerin?
– Nein, ich bin keine Deutschlehrerin.

Das Verb „sein":
ich bin
Sie sind
er / sie ist

Ausdrücke:
Guten Tag!
Wie geht es Ihnen?
Danke, gut! Und Ihnen?
Danke, auch gut!
Freut mich.
Mich auch.
Ach so!

Zahlen:
0 – 20

KAPITEL

2

Herr Schulte:	Guten Tag, Frau Berger! Wie geht es Ihnen?
Frau Berger:	Danke, gut! Und Ihnen?
Herr Schulte:	Sehr gut ... Frau Berger, ist das ein Berlitz-Buch?
Frau Berger:	Ja, das ist ein Spanischbuch.
Herr Schulte:	Und das, ist das eine Kassette?
Frau Berger:	Ja, das ist eine Spanischkassette. Ich bin Spanischschülerin in der Berlitz-Schule.
Herr Schulte:	Ach so!

Ein Kuli . . .

Ist das ein Kuli?
– *Ja, das ist ein Kuli.*

Ist der Kuli rot?
– *Nein, der Kuli ist nicht rot.*

Ist der Kuli gelb oder schwarz?
– *Der Kuli ist schwarz.*

ein Buch . . .

Und das? Ist das eine Kassette?
– *Nein, das ist keine Kassette.*

Was ist das?
– *Das ist ein Buch, ein Berlitz-Buch.*

Ist das Buch blau oder gelb?
– *Das Buch ist blau.*

und eine Zeitschrift.

Ist das auch ein Buch?
– *Nein, das ist kein Buch.*

Was ist das?
– *Das ist eine Zeitschrift.*

Welche Farbe hat die Zeitschrift?
– *Die Zeitschrift ist schwarz und blau.*

Das ist ein Bus.
Der Bus ist weiß.

Das ist eine U-Bahn.
Die U-Bahn ist grau.

Das ist ein Auto.
Das Auto ist blau.

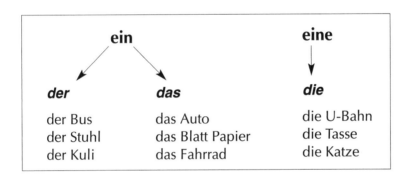

ein		eine
der	**das**	**die**
der Bus	das Auto	die U-Bahn
der Stuhl	das Blatt Papier	die Tasse
der Kuli	das Fahrrad	die Katze

ÜBUNG 6

Beispiel: Bleistift / rot   ***Das ist ein Bleistift. Der Bleistift ist rot.***

1. Zeitschrift / grün
2. Straßenbahn / blau
3. Hund / klein
4. Land / groß
5. Kassette / weiß
6. Brille / schwarz

7. Flugzeug / groß
8. Tisch / grau
9. Stadt / klein
10. Zug / groß
11. Tür / braun
12. Zeitung / weiß

Der Bleistift ist grau.   Die Brille ist blau.   Das Blatt Papier ist weiß.
Er ist grau.   **Sie** ist blau.   **Es** ist weiß.

ÜBUNG 7

Beispiele: Ist der Stuhl braun? *(nein)*
Nein, <u>er</u> ist nicht braun.

Ist das Fahrrad groß oder klein? *(groß)*
<u>Es</u> ist groß.

1. Ist der Bus grün? *(nein)*

2. Ist die Tür braun oder grau? *(grau)*

3. Wie ist die Tasse? *(groß)*

4. Ist die Katze klein? *(ja)*

5. Welche Farbe hat der Hund? *(weiß)*

6. Ist die Landkarte gelb und grün? *(nein)*

7. Ist das Buch groß oder klein? *(klein)*

8. Ist das Flugzeug groß? *(ja)*

9. Ist der Zug blau und weiß? *(nein)*

10. Welche Farbe hat die Zeitung? *(schwarz und weiß)*

Dieses Auto ist **klein**.   **Dieses** Auto ist **groß**.

Ist **das kleine** Auto schwarz?   – *Nein, es ist nicht schwarz.*
Welches Auto ist schwarz?   – *Das große Auto ist schwarz.*
Und **welches** Auto ist weiß?   – *Das kleine Auto ist weiß.*

Welch**er** Hund ...?	dies**er** Hund	**der** große Hund
Welch**e** Tasse ...? ⇨	dies**e** Tasse ⇨	**die** weiße Tasse
Welch**es** Auto ...?	dies**es** Auto	**das** kleine Auto

ÜBUNG 8

Beispiel: Dies **es** Buch ist rot.

1. Welch____ Zeitung ist das?

2. Dies____ Stadt ist nicht in Kanada.

3. Ist das weiß____ Fahrrad groß?

4. Welch____ Land ist in Asien?

5. Das klein____ Auto ist nicht aus Japan.

6. Welch____ Schüler ist aus Korea?

7. Dies____ groß____ Stuhl ist aus Spanien.

8. Welch____ Zug ist das, der groß____ oder der klein____ ?

Herr Campbell ist im Klassenzimmer. Er ist Deutschschüler. Er sitzt am Tisch. Frau Schneider ist auch im Klassenzimmer, aber sie sitzt nicht. Sie steht. Sie steht am Fenster. Frau Schneider ist Deutschlehrerin.

Ein Buch liegt auf dem Tisch. Das ist ein Berlitz-Buch. Und was liegt auf dem Buch? Da liegt ein Kuli. Liegt die schwarze Jacke auch auf dem Buch? Nein, sie liegt nicht auf dem Buch. Sie liegt auf dem Stuhl.

Und wo liegt die Kassette? Sie liegt auf dem Tisch. Und was hängt an der Wand, ein Bild oder eine Landkarte? Eine Landkarte hängt an der Wand. Die Landkarte ist groß.

ÜBUNG 9

Beispiele: Die Tasse __*steht*__ auf dem Schreibtisch.
Das Blatt Papier __*liegt*__ in der Schublade.
Die Landkarte __*hängt*__ an der Wand.

1. Die große Schachtel _____ auf dem Boden.

2. Wo _____ das Buch?

3. Herr Scholl _____ am Schreibtisch.

4. Wo _____ die Zeitung?

5. Frau Nettel _____ an der Tür.

6. Die große Uhr _____ an der Wand.

7. Die Brille _____ unter dem Tisch.

8. Wo _____ das Bild?

| | Das Buch liegt |
Das ist ...	auf / vor ...
<u>der</u> Tisch.	**dem** Tisch.
<u>die</u> Tür. ↑	**der** Tür.
<u>das</u> Fenster.	**dem** Fenster.

in dem → **im** *(im Bus, Zug, usw.)*
an dem → **am** *(am Tisch, Telefon, usw.)*

ÜBUNG 10

Beispiel: Der Schlüssel liegt **_in der_** Schublade. *(in)*

1. Das Telefon steht nicht _____ Tisch. *(auf)*

2. Was liegt _____ Auto? *(unter)*

3. Das große Fahrrad steht _____ Wand. *(an)*

4. Liegt das weiße Blatt Papier _____ Kassette? *(vor)*

5. Wer sitzt _____ Stuhl? *(auf)*

6. Die Brille liegt nicht _____ Schachtel. *(in)*

7. Sitzt die Katze _____ Fenster? *(an)*

8. Die Schülerin steht _____ Korridor. *(in)*

9. Steht Herr Schneider _____ Tür? *(hinter)*

10. Die Sekretärin sitzt _____ Schreibtisch. *(an)*

Kapitel 2

Das ist ein Bild.   Das ist **kein** Bild.
Das Bild ist groß.   Das Bild ist **nicht** groß.

Dort steht **kein** Telefon.
Herr Campbell sitzt **nicht** im Auto.
Keine Zeitung liegt auf dem Boden.
Der Schlüssel liegt **nicht** in der Schublade.

ÜBUNG 11

Beispiele: Steht ein Stuhl im Büro?
Kein Stuhl steht im Büro.

Liegt die Brille auf dem Tisch?
Sie liegt nicht auf dem Tisch.

1. Ist eine Zigarette in der Schachtel?

2. Steht Rolf im Korridor?

3. Ist das der Zug aus Rom?

4. Liegt das Blatt Papier unter dem Buch?

5. Ist München ein Land?

6. Sitzt eine Katze am Fenster?

7. Ist das die Übung 1?

8. Hängt die Jacke an der Tür?

9. Ist das eine Zeitschrift aus der Schweiz?

10. Liegt ein Hund hinter dem Sofa?

ÜBUNG 12

Beispiel: Wo ist der Direktor?
_f_

1. Wo ist der Aschenbecher? _____

2. Geben Sie mir bitte das Buch! _____

3. Bitte, nehmen Sie Platz! _____

4. Jan, das ist Sabine. _____

5. Wer ist das? _____

6. Wo hängt die Jacke? _____

7. Woher ist Sophie? _____

8. Wie geht es Ihnen? _____

9. Entschuldigung, sind Sie aus Asien? _____

10. Ist diese Übung in Kapitel 5? _____

a. Freut mich.

b. Gut, und Ihnen?

c. Aus Frankreich.

d. Nein, in 2.

e. Ja, aus Japan.

▶ **f. Im Büro.**

g. Danke!

h. Hier, bitte!

i. Dort, auf dem Tisch.

j. Frau Voss, die Sekretärin.

k. Hinter der Tür!

Was ist das? Das ist …
– ein Aschenbecher (der)   – ein Auto (das)
    Bleistift   Bild
    Bus   Blatt Papier
    Hund   Buch
    Kuli   Büro
    Schlüssel   Fahrrad
    Schreibtisch   Fenster
    Stuhl   Flugzeug
    Tisch   Klassenzimmer
    Zug   Telefon

– eine Brille (die)   Tür
    Jacke   U-Bahn
    Kassette   Uhr
    Katze   Wand
    Schachtel   Zeitschrift
    Schublade   Zeitung
    Straßenbahn   Zigarette
    Tasse

Wer ist das?
– Das ist der Direktor / die Sekretärin.

Ist das ein Kuli / eine Uhr / ein Buch?
– Ja, das ist ein Kuli / eine Uhr / ein
  Buch.

Ist der Kuli rot?
– Nein, der Kuli ist nicht rot.
  Der Kuli ist schwarz.

Ist das Buch blau oder gelb?
– Das Buch ist blau.

Welche Farbe hat die Zeitschrift?
– Die Zeitschrift ist schwarz und blau.

Ist der Bleistift grau?
– Ja, er ist grau.

Welche Farbe hat die Brille?
– Sie ist blau.

Ist das Fahrrad groß oder klein?
– Es ist groß.

Welcher Hund ist groß?
– Der braune Hund ist groß.
  Dieser braune Hund ist groß.

Welche Tasse ist weiß?
– Die kleine Tasse ist weiß.
  Diese kleine Tasse ist weiß.

Welches Auto ist schwarz?
– Das große Auto ist schwarz.
  Dieses große Auto ist schwarz.

Wo ist …?
  … steht auf dem Schreibtisch
  … liegt in der Schublade
  … hängt an der Wand
  … sitzt am Tisch / im Bus

Farben:
rot, blau, braun, grün,
gelb, weiß, schwarz, grau

Ausdrücke:
Geben Sie mir bitte das Buch!
Bitte, nehmen Sie Platz!
Entschuldigung, sind Sie aus …?

KAPITEL

3

Frau Huber:	Entschuldigung, ist das Café Wagner weit von hier?
Herr Ponti:	Wie bitte?
Frau Huber:	Wo bitte ist das Café Wagner?
Herr Ponti:	Das ist in der Nähe. Es ist in der Parkstraße, neben dem Hotel Kaiserhof.
Frau Huber:	Danke ... Entschuldigung, sind Sie Spanier?
Herr Ponti:	Nein, ich bin Italiener.
Frau Huber:	Sie sprechen aber sehr gut Deutsch.
Herr Ponti:	Vielen Dank! Sprechen Sie Italienisch?
Frau Huber:	Ja, aber nicht sehr gut.

Guten Tag! Ich bin Antje Maas. Ich bin Holländerin, aus Amsterdam. Ich bin Deutschschülerin in Frankfurt. Ich spreche Holländisch, Englisch und auch ein bißchen Spanisch.

Tag! Ich bin Mario Pietri. Ich bin Italiener, aus Rom. Ich spreche Italienisch, ein bißchen Deutsch und sehr gut Englisch, aber kein Spanisch. Ich bin Deutschschüler in Frankfurt.

Und was sind Sie?
Sind Sie auch Deutschschüler?
Woher sind Sie?
Sprechen Sie Deutsch?

ich	**bin**	**spreche**
Sie	**sind**	**sprechen**
er / sie	**ist**	**spricht**

	Englisch	Französisch	Italienisch	Spanisch
Frau Berger	✓✓✓	✓	—	✓✓
Herr Hagen	✓✓✓	—	✓✓	✓
Herr Gessler	✓	✓	✓✓✓	—

✓✓✓ sehr gut   ✓✓ gut   ✓ ein bißchen   — kein

Frau Berger spricht **gut** Spanisch, und sie spricht **ein bißchen** Französisch.

Herr Hagen spricht **kein** Französisch, aber er spricht **sehr gut** Englisch.

ÜBUNG 13

1. Spricht Frau Berger sehr gut Englisch?

2. Welche Sprache spricht Herr Gessler sehr gut?

3. Wer spricht ein bißchen Spanisch, Frau Berger oder Herr Hagen?

4. Welche Sprache spricht Herr Hagen gut?

5. Wer spricht kein Italienisch?

6. Spricht Herr Gessler Spanisch?

7. Spricht Herr Hagen sehr gut Englisch oder Französisch?

8. Wer spricht Englisch, Französisch und Italienisch?

Frau Maas spricht mit Herr_n_ Pietri.
→ Sie spricht mit **ihm**.

Herr Pietri spricht mit Frau Maas.
→ Er spricht mit **ihr**.

ich		**mir**
Sie	⇨	**Ihnen**
er		**ihm**
sie		**ihr**

ÜBUNG 14

Beispiele: Spricht Antje mit Mario? *(ja)*
Ja, sie spricht mit _ihm_.

Stehe ich neben Ihnen? *(nein)*
Nein, Sie stehen nicht neben _mir_.

1. Sprechen Sie mit Frau Berger? *(nein)*

2. Sitzt Frau Berger hinter mir? *(ja)*

3. Spricht Herr Gessler mit Ihnen? *(ja)*

4. Spreche ich mit Herrn Chartier? *(nein)*

5. Sitzen Sie vor Annette? *(nein)*

6. Spreche ich mit Ihnen? *(ja)*

– Guten Tag. Was möchten Sie, bitte?

– Ich nehme ein Glas Bier.

– Ein Kölsch oder ein Pils?

– Ein Pils.

– Hier bitte! Ein Pils.

– Danke!

– Ja, bitte?

– Ich möchte eine Tasse Kaffee.

– Eine Tasse Kaffee? Gern.

– Hier, bitte sehr. Ein Kaffee.
Der Zucker steht auf dem
Tisch, und hier ist die Milch.

– Ach so. Danke! Wieviel
macht das?

– 4 DM, bitte ... Danke sehr!

Sie **nimmt** den Schlüssel.   Sie **öffnet** die Tür.   Sie **schließt** das Fenster.

ich	Sie	er / sie	Bitte, ...
nehm**e**	nehm**en**	nimm**t**	Nehm**en** Sie ...!
öffn**e**	öffn**en**	öffne**t**	Öffn**en** Sie ...!
schließ**e**	schließ**en**	schließ**t**	Schließ**en** Sie ...!
mach**e**	mach**en**	mach**t**	Mach**en** Sie ...!

Das ist ...	Ich nehme ...
der Bus.	<u>den</u> Bus.
die U-Bahn. ➡	die U-Bahn.
das Flugzeug.	das Flugzeug.

Beispiel: Ich nehme die Zeitung.
     Katrin **_nimmt die Zeitung_**.
     Bitte, **_nehmen_** Sie **_die Zeitung_**!

1. Konrad öffnet die Flasche Wein.
   Ich _____.
   Bitte, _____ Sie _____!

2. Herr Kerner trinkt gern Tee.
   _____ Sie gern _____?
   Wer _____?

3. Ich schließe das Fenster.
   _____ Uwe _____?
   Bitte, _____ Sie _____!

4. Was machen Sie?
   _____ Georg jetzt?
   Und _____ ich?

5. Wer trinkt Kaffee mit Milch und Zucker?
   Ursula _____.
   Ich _____.

6. Ich nehme nicht den Bus.
   Michael _____.
   Sie _____.

7. Die Sekretärin schließt die Schublade.
   Bitte, _____ Sie _____!
   Ich _____.

8. Bitte, nehmen Sie die Jacke und den Schlüssel!
   Der Lehrer _____.
   Ich _____.

ÜBUNG 16

Beispiel: Ein Bild hängt im Büro __*an*__ der Wand.

           a) auf   **b) an**   c) in

1. Was macht der große Hund _____ Fenster?

           a) an   b) an der   c) am

2. Das Café Lummer ist _____ Rosenweg.

           a) in   b) im   c) in der

3. Was kostet _____ Flasche Wein hier?

           a) dieser   b) dieses   c) diese

4. Ich möchte _____ eine Tasse Tee, aber ohne Milch!

           a) gern   b) sehr   c) gut

5. Ist die Hauptstraße in der Nähe _____ Stadtpark?

           a) dem   b) vom   c) am

6. Das Brandenburger Tor _____ in Berlin.

           a) liegt   b) sitzt   c) steht

7. Neben _____ Hotel Dresden ist ein Restaurant.

           a) dem   b) der   c) das

8. Wo ist Eberhard? – Er steht hinter _____!

           a) Sie   b) Ihnen   c) Ihr

9. Dieses Feuerzeug kostet _____ 50 DM.

           a) ungefähr   b) auf   c) für

10. _____ Bus ist das?

           a) Welche   b) Welches   c) Welcher

Was ist das? Das ist …
– der Rosenweg
    Stadtpark

– die Straße
    Flasche Wein
    Tasse Kaffee / Tee
    (mit / ohne Zucker / Milch)

– das Café   Hotel
    Geld   Pils
    Glas Bier   Restaurant

Welche Nationalität hat Herr / Frau …?
– Herr / Frau … ist Italiener / Italienerin.
                        Spanier / Spanierin
                        Holländer / Holländerin

Das Verb „sprechen":
ich spreche
Sie sprechen
er / sie spricht

Spricht Frau Berger sehr gut Englisch?
– Ja, sie spricht sehr gut Englisch.

Welche Sprache spricht Herr Hagen gut?
– Er spricht gut Italienisch.

Wer spricht ein bißchen Spanisch, Frau Berger oder Herr Hagen?
– Herr Hagen spricht ein bißchen Spanisch.

Wer spricht kein Italienisch?
– Frau Berger spricht kein Italienisch.

Spreche ich mit Ihnen?
– Ja, Sie sprechen mit mir.

Sitzt Frau Berger hinter mir?
– Nein, sie sitzt nicht hinter Ihnen.

Spricht Antje mit Mario?
– Ja, sie spricht mit ihm.

Stehe ich neben Ihnen?
– Nein, Sie stehen nicht neben mir.

Was machen Sie?
– Ich nehme den Bus.
    Ich schließe die Schublade.
    Ich öffne das Fenster.
    Ich trinke gern Tee.
    Ich nehme ein Glas Bier.

Was kostet die Flasche Wein?
– Sie kostet 15 DM.

Ausdrücke:
Ist das Café Wagner weit von hier?
Wie bitte?
Vielen Dank!
Was möchten Sie, bitte?
Ich möchte eine Tasse Kaffee.
Bitte sehr. Ein Kaffee.
Hier bitte! Ein Pils.
Wieviel macht das?
4 DM, bitte… Danke sehr!

KAPITEL

4

– Frau Bauer, wo ist mein Kuli? Er liegt nicht auf dem Tisch.

– Sehen Sie, dort auf der Zeitung, Herr Sandner! Ist das nicht Ihr Kuli?

– Auf der Zeitung? Ah ja, ich sehe ihn. Vielen Dank!

– Bitte sehr!

	ich	Sie	er	sie
der Kuli	**mein** *(Kuli)*	**Ihr**	**sein**	**ihr**
die Uhr	**meine** *(Uhr)*	**Ihre**	**seine**	**ihre**
das Geld	**mein** *(Geld)*	**Ihr**	**sein**	**ihr**

Wolfgang**s**		Kuli
Frau Bauer**s**	⟩	Uhr
Herr**n** Huber**s**		Geld

ÜBUNG 17

Beispiel: Wo ist **Jörg**? <u>*Sein*</u> Fahrrad steht hier.

1. **Herr Pietri** ist Deutschschüler. Das ist _____ Klassenzimmer.

2. **Frau Kübler**, ist das _____ Glas Wein?

3. Ich bin **Herr Schenk**, und das ist Frau Funke, _____ Sekretärin.

4. Dort ist **Elkes** Zeitung, aber wo ist _____ Brille?

5. Da ist **Max**. Und das ist Alex, _____ Hund.

Er sieht <u>sie</u> ...
und sie sieht <u>ihn</u>.

ÜBUNG 18

Beispiel: Nimmt Gabi **den Bus**? *(nein)*
Nein, sie nimmt <u>ihn</u> nicht.

1. Schließt die Direktorin **das Fenster**? *(nein)*

2. Nimmt Sabine **mein Portemonnaie** aus der Tasche? *(ja)*

3. Hat Herr Bender **seinen Schlüssel**? *(nein)*

4. Nimmt Frau Allert **ihren Kaffee** mit Milch? *(nein)*

5. Öffnet Eberhard **die Tür**? *(ja)*

6. Sieht Anja **die Blume** auf dem Bild? *(nein)*

7. Hat Michael **den Geldschein** in der Hand? *(ja)*

8. Sieht Ulli **Ihre Jacke**? *(nein)*

9. Sieht Herr Bauer **Frau Huber**? *(ja)*

10. Trinkt die Sekretärin **ihren Tee** mit Zucker? *(ja)*

Liegt **etwas** auf dem Tisch?
– *Ja,* ***etwas*** *liegt auf dem Tisch.*

Was liegt unter dem Stuhl?
– ***Nichts*** *liegt unter dem Stuhl.*

Sitzt **jemand** am Tisch?
– *Ja,* ***jemand*** *sitzt am Tisch.*

Wer sitzt auf dem Boden?
– ***Niemand*** *sitzt auf dem Boden.*

ÜBUNG 19

1. Liegt etwas auf dem Stuhl?

2. Sehen Sie etwas auf dem Boden?

3. Was hängt neben dem Bild?

4. Hängt etwas an der Wand?

5. Was liegt im Karton?

6. Sitzt jemand auf dem Boden?

7. Steht jemand am Tisch?

8. Steht etwas neben dem Fenster?

– Was möchten Sie?
– Eine Tasse Kaffee, bitte.
– Und Sie?
– Ich nehme einen Wein.

Das ist ...	*Ich möchte gern ...*	
ein Kaffee.	ein**en** Kaffee.	(mein**en**, Ihr**en**, sein**en**, ihr**en**)
eine Cola.	eine Cola.	(mein**e**, Ihr**e**, sein**e**, ihr**e**)
ein Bier.	ein Bier.	(mein, Ihr, sein, ihr)

ÜBUNG 20

Beispiel: Jürgen nimmt ein**en** Tee.

1. Ich öffne ein__ Flasche Bier.

2. Frau Berger möchte kein__ Wasser.

3. Gerhard sieht sein__ Hund.

4. Angelika trinkt ihr__ Wein.

5. Ich schließe mein__ Bürofenster.

6. Möchten Sie ein__ Glas Wasser oder ein__ Tasse Tee?

1.00		ein Uhr.
2.00		zwei Uhr.
2.10		zehn nach zwei.
2.15		Viertel nach zwei.
2.25	**Es ist**	fünf vor halb drei.
2.30		halb drei.
2.45		Viertel vor drei.
2.55		fünf vor drei.
3.00		drei Uhr.

ÜBUNG 21

Beispiel: **Es ist vier Uhr.**

1. _____

2. _____

3. _____

4. _____

5. _____

6. _____

7. _____

8. _____

Bank	8.30 – 16.00
Berlitz	9.00 – 21.15
Büro	8.00 – 12.30
	13.30 – 16.30
Museum	14.00 – 18.00
Restaurant	11.30 – 15.00
	18.30 – 23.30

2.10 Uhr nachmittags → **14.10 Uhr**
→ vierzehn Uhr zehn

7.30 Uhr abends → **19.30 Uhr**
→ neunzehn Uhr dreißig

Wieviel Uhr ist es?	– *Es ist 16 Uhr.*
Um wieviel Uhr öffnet das Museum?	– *Es öffnet **um** 14 Uhr.*
Wann ist das Museum geöffnet?	– *Es ist **von** 14 **bis** 18 Uhr geöffnet.*

ÜBUNG 22

1. Wann ist Berlitz geöffnet?

2. Was öffnet um 11.30 Uhr?

3. Um wieviel Uhr öffnet die Bank?

4. Was ist um 13 Uhr geschlossen?

5. Öffnet das Museum morgens oder nachmittags?

6. Bis wann ist die Bank geöffnet?

7. Was öffnet um 8 Uhr, das Büro oder das Museum?

8. Ist das Restaurant oder das Büro abends geschlossen?

9. Wann schließt Berlitz?

10. Ist das Büro um 17 Uhr geöffnet oder geschlossen?

Es ist jetzt fünf Minuten vor fünf nachmittags. Wir sehen Herrn Huber und Frau Bauer. Sie sind im Büro. Herr Huber sitzt am Schreibtisch, und Frau Bauer steht am Fenster.

Vier Minuten vor fünf. Frau Bauer spricht mit Herrn Huber und schließt das Fenster. Und was macht Herr Huber? Er öffnet die Schublade, nimmt seinen Schlüssel und schließt die Schublade.

Es ist gleich fünf Uhr. Herr Huber hat seine Zeitung in der Hand und nimmt seine Jacke. Frau Bauer nimmt ihr Portemonnaie aus der Handtasche. Die U-Bahn kostet 3 DM.

Es ist genau fünf Uhr. Herr Huber schließt die Bürotür. Er und Frau Bauer nehmen die U-Bahn um Viertel nach fünf.

ÜBUNG 23

1. Was macht Frau Bauer um 16.56 Uhr?

2. Was nimmt sie aus der Handtasche?

3. Wer nimmt seinen Schlüssel aus der Schublade?

4. Was machen Herr Huber und Frau Bauer um Viertel nach fünf?

	Singular	*Plural*

<table>
<tr><td>der Tisch</td><td>die Tisch<u>e</u></td></tr>
<tr><td>die Stadt</td><td>die St<u>ä</u>dt<u>e</u></td></tr>
<tr><td>das Bild</td><td>die Bild<u>er</u></td></tr>
<tr><td>das Land</td><td>die L<u>ä</u>nd<u>er</u></td></tr>
<tr><td>die Vase</td><td>die Vase<u>n</u></td></tr>
<tr><td>die Tür</td><td>die Tür<u>en</u></td></tr>
<tr><td>das Auto</td><td>die Auto<u>s</u></td></tr>
<tr><td>der Kuli</td><td>die Kuli<u>s</u></td></tr>
<tr><td>der Lehrer</td><td>die Lehrer</td></tr>
<tr><td>das Fenster</td><td>die Fenster</td></tr>
</table>

ÜBUNG 24

Beispiele: __der__ Stuhl, die __Stühle__

  __die__ Blume, die __Blumen__

1. _____ Schreibtisch, die _____

2. _____ Kassette, die _____

3. _____ Schüler, die _____

4. _____ Land, die _____

5. _____ Buch, die _____

6. _____ Bleistift, die _____

7. _____ Straße, die _____

8. _____ Fahrrad, die _____

9. _____ Büro, die _____

10. _____ Glas, die _____

11. _____ Schlüssel, die _____

12. _____ Landkarte, die _____

13. _____ Brille, die _____

14. _____ Fenster, die _____

15. _____ Stadt, die _____

16. _____ Flugzeug, die _____

ich	Sie	er / sie / es	**wir / sie**
bin	sind	ist	**sind**
nehme	nehmen	nimmt	**nehmen**
öffne	öffnen	öffnet	**öffnen**
schließe	schließen	schließt	**schließen**
sitze	sitzen	sitzt	**sitzen**
stehe	stehen	steht	**stehen**
spreche	sprechen	spricht	**sprechen**
sehe	sehen	sieht	**sehen**

ÜBUNG 25

Beispiel: Ich sitze am Fenster. *(Uwe und Richard)*
Uwe und Richard sitz<u>en</u> am Fenster.

1. Klaus öffnet die Schublade. *(wir)*

2. Sieht Holger die Weinflaschen? *(Frau Bauer und ich)*

3. Stehe ich am Bahnhof? *(Herr und Frau Kerner)*

4. Meine Sekretärin ist aus Hamburg. *(wir)*

5. Nehmen die Schüler den Bus? *(Sie)*

6. Andreas schließt die Fenster. *(Ulrike und Peter)*

7. Ursula und Horst sprechen gut Französisch. *(Claudia)*

8. Welche Sprache spricht Frau Bauer? *(Pierre und Jacques)*

ÜBUNG 26

Beispiel: Banken sind **_nachts_** geschlossen.

1. Wir _____ zwei Autos, aber Udo hat nur eins.

2. Viele Museen schließen _____.

3. Unser Büro hat nur _____ Fenster.

4. Sind diese Landkarten _____?

5. Ihre Kassetten liegen nicht in _____ Schublade.

6. Entschuldigen Sie, _____ wann sind Sie in Berlin?

7. Es ist jetzt _____ 12 Uhr.

8. Herr Ebert, wo sind _____ Biergläser?

9. Eine Stunde _____ 60 Minuten.

10. Niemand sitzt hier. Hier ist _____.

11. Um _____ Uhr trinken wir Kaffee?

12. Ihre Blumen stehen nicht auf _____ Tisch.

> kostenlos
>
> ➤ **nachts**
>
> bis
>
> genau
>
> meinem
>
> haben
>
> unsere
>
> frei
>
> nachmittags
>
> wieviel
>
> hat
>
> wenige
>
> meiner

Das ist …
- der Bahnhof   – die Bank
    Karton   Handtasche
                          Minute
- das Kino   Stunde
    Museum
    Postamt

- mein Kuli / meine Uhr / mein Geld
    Ihr   Ihre   Ihr
    sein   seine   sein
    ihr   ihre   ihr

    Wolfgangs Kuli
    Frau Bauers Uhr
    Herrn Hubers Geld

Sehen Sie mich?
– Ja, ich sehe Sie.

Sieht Herr Huber Frau Bauer?
– Ja, er sieht sie.

Sieht Frau Bauer Herrn Huber?
– Ja, sie sieht ihn.

Nehmen Sie …
    den Schlüssel? – Ja, ich nehme ihn.
    die Jacke?   sie
    das Buch?   es

Liegt etwas auf dem Tisch?
– Ja, etwas liegt auf dem Tisch.

Was liegt unter dem Stuhl?
– Nichts liegt unter dem Stuhl.

Sitzt jemand am Tisch?
– Ja, jemand sitzt am Tisch.

Wer sitzt auf dem Boden?
– Niemand sitzt auf dem Boden.

Was möchten Sie?
– Ich möchte einen Wein.
    nehme eine Tasse Kaffee

Wieviel Uhr ist es?
– Es ist ein Uhr / Viertel nach eins.
    halb zwei / Viertel vor zwei

Um wieviel Uhr öffnet das Museum?
– Es öffnet um 14 Uhr.

Wann ist das Restaurant geschlossen?
– Es ist von 15 bis 18.30 Uhr
    geschlossen.
– Es ist vormittags / nachmittags
    von … bis geöffnet.

Was / Wer sind das?
– Das sind die …
    Autos   Lehrer
    Bilder   Städte
    Bücher   Stühle
    Büros   Tassen
    Fenster   Tische
    Flugzeuge   Vasen

Woher sind Sie?
– Wir sind aus Hamburg.

Wie viele Autos haben Sie?
– Wir haben zwei Autos.

Ausdrücke:
Entschuldigen Sie, bis wann sind Sie
    in Berlin?
Es tut mir leid.
Bitte sehr!
Auf Wiederhören!
Hier ist frei.
Es ist jetzt genau 12 Uhr.

KAPITEL

5

Familie Kerner wohnt in einem Haus in Berlin. Ihre Adresse ist Ahorn-straße 201.

Herr und Frau Kerner sitzen am Tisch. Sie heißen Reinhard und Angelika. Und wie heißt der Junge? Er heißt Martin. Martin ist Herrn und Frau Kerners Sohn. Kerners haben auch zwei Töchter, Christine und Uta. Uta sitzt neben ihrem Bruder Martin, und ihre Schwester Christine steht neben dem Sofa. Sie spricht am Telefon.

Martin liegt auf dem Boden. Eine Schachtel steht vor ihm, und Martin nimmt ein Flugzeug aus der Schachtel.

Familie Kerner hat auch einen Hund. Er heißt Hasso und liegt unter dem Tisch.

Reinhard Kerners Freund Ludwig Schöller steht an der Tür. Herr Schöller wohnt in Potsdam, nicht weit von Berlin.

Frau Kerner hat eine Flasche Wein, und drei Gläser stehen vor ihr auf dem Tisch: ein Glas für sie, für Reinhard und für Herrn Schöller.

ÜBUNG 27 *(Bild S. 45)*

Beispiel: Angelika und Reinhard sind Martins **_Eltern_** .

1. Reinhard Kerner ist Christines _____.

2. Kerners _____ steht neben dem Telefon.

3. Frau Kerners _____ liegt auf dem Boden.

4. Vor _____ steht eine Schachtel.

5. Uta ist kein Junge. Sie ist ein _____.

6. Hasso sitzt nicht neben Uta, er liegt neben _____.

7. Frau Kerners _____ heißt Reinhard.

8. Reinhard ist Herrn Kerners _____.

9. Martin ist Christines Bruder, und Uta ist ihre _____.

10. Hasso ist keine _____. Er ist ein Hund.

11. Herrn Kerners _____ öffnet eine Flasche Wein.

12. Martin, Uta und Christine sind die _____ von Reinhard und Angelika.

| Vater |
| **Eltern** |
| Sohn |
| Tochter |
| Mann |
| Frau |
| Mädchen |
| Schwester |
| Kinder |
| Person |
| ihm |
| ihr |
| Vorname |

Das ist ...   Ich sitze in ...

ein Bus.   ein**em** Bus.
eine U-Bahn.   ein**er** U-Bahn.
ein Flugzeug.   ein**em** Flugzeug.

_____

Ich sitze in mein**em** Auto.
Steht Ihre Adresse auf Ihr**er** Visitenkarte?
Alfred hat ein Telefon in sein**er** Wohnung.
Schultes stehen vor ihr**em** Haus.

ÜBUNG 28

Beispiel: Ihre Postkarte liegt in mein**er** Schublade.

1. Meine Visitenkarte liegt zwischen ein__ Zeitung und ein__ Zeitschrift.

2. Auf dies__ Brief steht keine Postleitzahl!

3. Wir wohnen in ein__ Wohnung, Kleibers in ein__ Haus.

4. Gerds Briefe liegen neben sein__ Tasche auf dem Tisch.

5. Sind Juttas Schlüssel in ihr__ Handtasche?

6. Unsere Bücher liegen in ein__ Schachtel.

7. Diese Postkarte ist von mein__ Freund.

8. Walters Auto steht an ein__ Park in der Goethestraße.

Guten Tag! Mein Name ist Heinz Schneider. Ich bin Direktor bei der Landesbank Mainz. Meine Telefonnummer ist 33 16 77. Hier ist meine Visitenkarte.

Meine Frau und ich wohnen in Mainz. Wir haben ein kleines Haus im Andenweg 33. Meine Frau heißt Gisela. Sie ist Lehrerin. Wir haben keine Kinder.

Heinz Schneider
Direktor

Landesbank Mainz

55127 Mainz • Bochstraße 1-3
Telefon (061 31) 33 16 77
Telefax (061 31) 33 16 36

Sabine Rau
Service

autohaus HANSER

Bockenheimer Straße 27
60486 Frankfurt
Tel: 069 / 70 38 71
Fax: 069 / 70 35 66

Hallo! Ich heiße Sabine Rau, und ich arbeite bei der Firma Hanser in Frankfurt. Meine Telefonnummer steht auf meiner Karte. Hier, bitte sehr!

Mein Mann heißt Klaus. Wir wohnen in einer Wohnung in Wiesbaden. Klaus arbeitet bei Siemens. Wir haben zwei Kinder. Sie heißen Claudia und Richard.

ÜBUNG 29

1. Wer arbeitet bei einer Bank?

2. Wo ist die Firma Hanser?

3. Wie viele Kinder haben Schneiders?

4. Wer wohnt in einer Wohnung?

5. Wo arbeitet Frau Raus Mann?

Frau Berger: Guten Tag, Herr Campbell!

Herr Campbell: Tag, Frau Berger! Wie geht es Ihnen?

Frau Berger: Gut. Sagen Sie, fährt hier der Bus nach Gera ab?

Herr Campbell: Das weiß ich nicht. Und ich habe auch keinen Fahrplan.

Frau Berger: Tja, und mein Fahrplan liegt in meiner Wohnung.

Herr Campbell: Ah, da kommt ein Bus. Fragen Sie dort!

Frau Berger: Entschuldigung, fahren Sie nach Gera?

Fahrer: Nein, es tut mir leid. Dieser Bus kommt aus Gera und fährt jetzt nach Zwickau.

Frau Berger: Ach! Und welcher Bus fährt nach Gera?

Fahrer: Die Linie 8, um 16 Uhr ... Oh, sehen Sie, dort kommt Ihr Bus.

Frau Berger: Ach ja! Vielen Dank!

ÜBUNG 30

1. Wohin fährt der Bus?

2. Und woher kommt er?

3. Wo ist Frau Bergers Fahrplan?

4. Welcher Bus fährt nach Gera?

5. Und wann fährt er ab?

Wo ...?	**in** Gera
Woher ...? ⇨	**aus** Gera
Wohin ...?	**nach** Gera

Abfahrt

NACH	AB	GLEIS
AMSTERDAM	10.30	I
BERLIN	10.40	8
PARIS	13.35	5
BERLIN	13.50	12
KOPENHAGEN	14.05	4

Ankunft

AUS	AN	GLEIS
ROM	11.30	20
HAMBURG	11.50	3
WARSCHAU	12.45	17
MÜNCHEN	14.05	7
SALZBURG	14.20	13

ÜBUNG 31

1. Um wieviel Uhr fährt der Zug nach Paris ab?

2. Wohin fährt der Zug um 13.50 Uhr?

3. Kommt der Zug um 14.05 Uhr auf Gleis 7 oder 4 an?

4. Wann kommt der Zug aus Warschau an?

5. Auf welchem Gleis kommt der Zug aus Warschau an?

6. Kommt der Zug um 11.30 Uhr aus Rom oder fährt er nach Rom?

7. Wo fährt der Zug nach Amsterdam ab?

8. Wie viele Züge fahren nach Berlin?

9. Woher kommt der Zug um 14.20 Uhr?

10. Fährt der Zug nach Kopenhagen auf Gleis 4 oder auf Gleis 20 ab?

Heute ist Montag. Es ist 9 Uhr, und ich bin im Moment[1] am Rhein-Main-Flughafen in Frankfurt. Ich fliege für meine Firma nach New York. Um 12.15 Uhr komme ich am Kennedy-Flughafen an und nehme ein Taxi nach Manhattan. Dort wohne ich im Hotel Summit. Ich bin bis Donnerstag in New York und fliege abends nach Frankfurt. Am Freitag bin ich von 13 Uhr bis 17 Uhr im Büro.

Am Samstag kommt ein Freund aus Österreich. Er heißt Christian mit Vornamen und kommt aus Linz. Er nimmt vormittags den Zug und kommt um 18 Uhr hier an.

Am Sonntag fahren Christian und ich mit dem Bus in die Stadt. Mittags sind wir im Museum, und nachmittags trinken wir im Café Venezia einen Espresso.

[1] im Moment = jetzt

Die Adresse	**steht**	auf dem Brief.	
Auf dem Brief		die Adresse.	
Mein Bruder	**wohnt**	in Mainz.	
In Mainz		mein Bruder.	
Hanna und ich	**fahren**	um 20 Uhr	nach Bonn.
Um 20 Uhr		Hanna und ich	nach Bonn.
Nach Bonn		Hanna und ich	um 20 Uhr.

ÜBUNG 32

Beispiel: Klaus spricht **mit mir** Deutsch.
<u>Mit mir</u> spricht Klaus Deutsch.

1. Ich öffne abends **meine Fenster**.

2. Der Zug nach Köln fährt **um 9 Uhr** ab.

3. Wir sind **Montag abends** in unserer Wohnung.

4. Nicht viele Restaurants öffnen **um 11 Uhr**.

5. Herr Steiner arbeitet **bei der Firma Koch**.

6. Christiane kommt **um 3 Uhr** aus Toronto.

7. Zwei Briefmarken liegen **unter der Postkarte**.

8. Ich nehme **jeden Tag** die U-Bahn nach Bockenheim.

9. Frau Sommer sitzt **neben Herrn Gonser**.

10. Niemand steht **vor der Tür**.

11. Mein Freund heißt **Uwe**.

12. Drei Herren sitzen **in Herrn Jansens Büro**.

Das ist ...
- der Brief
  Fahrplan
  Flughafen
  Name
  Tag
  Vorname
- das Gleis
  Haus
  Taxi

- die Adresse
  Briefmarke
  Firma
  Postkarte
  Postleitzahl
  Telefonnummer
  Visitenkarte
  Woche
  Wohnung

Wer ist das?
- die Frau
  Freundin
  Person

- der Freund
  Junge
  Mann

- das Mädchen

Das ist meine Familie:
die Mutter, der Vater, die Eltern, der Sohn, die Tochter, das Kind, der Bruder, die Schwester

Das ist ...
  ein Bus
  eine U-Bahn
  ein Flugzeug

Ich sitze in ...
  einem Bus
  einer U-Bahn
  einem Flugzeug

Von wem ist diese Postkarte?
- von meinem Freund
  meiner Freundin

Wo liegt mein Buch?
- in Ihrem Karton / Ihrer Schublade

Wo stehen Schultes?
- Sie stehen vor ihrem Haus.

Wie heißt Sabines Mann?
- Er heißt Klaus.

Wo wohnen Sabine und Klaus?
- Sie wohnen in Wiesbaden.

Wo arbeitet Klaus?
- Er arbeitet bei Siemens.

Woher kommt der Bus?
- Er kommt aus Gera.

Wohin fliegen Sie?
- Ich fliege nach New York.

Welcher Tag ist heute / war gestern?
- Heute ist / Gestern war ...

Auf dem Bahnhof:
- Wann kommt der Zug aus Paris an?
- Um wieviel Uhr fährt der Zug ab?
- Auf welchem Gleis kommt der Zug aus Hamburg an?

Wo steht die Adresse?
- Die Adresse steht auf dem Brief.
  Auf dem Brief steht die Adresse.

Wochentage:
Montag, Dienstag, Mittwoch, Donnerstag, Freitag, Samstag, Sonntag

Ausdrücke:
Sagen Sie, fährt hier der Bus nach Gera ab?
Die Linie 8, um 16 Uhr.
Das weiß ich nicht.
Fragen Sie dort!
Nein, es tut mir leid.
Sehen Sie, dort kommt Ihr Bus.
Ach ja! Vielen Dank!

KAPITEL

6

— Sehen Sie etwas?

— Ja, ein Auto. Ein altes Auto.

— Aha! Sitzt jemand im Auto?

— Nein, aber jemand steht neben dem Auto. Ein Mann.

— Und was tut er?

— Er nimmt einen großen Karton und öffnet ihn.

— Und? Ist etwas im Karton?

— Ich glaube, im Karton ist Geld. Viel Geld! …
Und jetzt nimmt der Mann Geldscheine aus dem Karton.

— Hmm … Sehr interessant …

Der Mann nimmt <u>den Karton</u> und öffnet **ihn**.

Wo ist <u>meine Brille</u>? Ich sehe **sie** nicht.

Dort steht <u>ein neues Auto</u>, und wir kaufen **es**.

<u>Ihre Bücher</u> liegen auf dem Tisch. Sehen Sie **sie**?

ÜBUNG 33

Was ist richtig: *der, die, das, den, dem, sie, es* oder *ihn*?

Beispiel: Sehen Sie __**den**__ Aschenbecher? Er steht auf __**dem**__ Schreibtisch. Nehmen Sie __**ihn**__ !

1. Da ist Herrn Benders Portemonnaie. Es ist nicht in ____ Schublade sondern auf _____ Boden.

2. Sehen Sie _____ Kunden? Er ist aus _____ Schweiz.

3. Das Fenster dort, bitte, machen Sie _____ auf!

4. Beate öffnet _____ Flasche, trinkt ein Glas Wein und schließt _____ wieder.

5. Der Schlüssel liegt dort. Horst sieht _____ Schlüssel und nimmt _____ .

6. Öffnet Frau Ott _____ Tasche? Ja, sie macht _____ auf.

7. Ist das Ihr Kaffee? Ich bezahle _____ !

8. Bei der Firma Auto-Hanser steht ein neues Auto. Martin sieht _____ , aber er kauft _____ nicht.

9. Günter steht nicht an _____ Wand, sondern er sitzt auf _____ Sofa.

10. Öffnet Jörg _____ Karton? Nein, er macht _____ zu.

ÜBUNG 34

Beispiel: Möchten Sie Ihren Kaffee mit oder ohne Milch? __*c*__

1. Wie geht's? _____

2. Guten Tag, ich heiße Müller. _____

3. Was für ein Auto haben Sie? _____

4. Wie weit ist die Rhein-Brücke? _____

5. Vielen Dank! _____

6. Wo ist mein Schlüssel? _____

7. Haben Sie keine Uhr? _____

8. Wieviel Uhr ist es? _____

9. Möchten Sie eine Tasse Tee? _____

10. Wieviel macht das? _____

11. Würden Sie bitte die Tür zumachen? _____

12. Ich habe leider keinen Fahrplan. _____

a. Halb sieben.

b. Dort liegt er.

c. **Schwarz, bitte!**

d. Danke, gut!

e. Freut mich.

f. 5 Minuten von hier.

g. Gern.

h. Bitte sehr!

i. 8,50 DM, bitte.

j. Sicher.

k. Schade!

l. Doch! Aber nicht hier.

m. Ein italienisches.

ÜBUNG 35

Haben Sie **ein** Auto?
Erich hat **keine** Adresse in Japan.
Herr Schell nimmt **seinen** Schlüssel.

Beispiel: Christiane trinkt **_ihren_** Kaffee schwarz. *(ihr)*

1. Herr Orth gibt mir _____ Visitenkarte. *(sein)*

2. Schneiders haben _____ Haus in Paris. *(kein)*

3. Sehen Sie _____ Schülerin im Klassenzimmer? *(ein)*

4. Geben Sie mir bitte _____ Stadtplan! *(Ihr)*

5. Hannas Freund hat _____ graue Jacke. *(ein)*

6. Haben Sie _____ englischen Zeitungen? *(kein)*

7. Kerstin öffnet _____ Flasche Rotwein. *(ein)*

8. Machen Sie bitte _____ Tür zu! *(unser)*

9. Olaf hat _____ Geld in der Tasche. *(kein)*

10. Ich sehe _____ Sohn und _____ Tochter auf dem Bild. *(mein / Ihr)*

Das ist ...	Ich habe ...
ein groß**er** Schreibtisch.	ein**en** groß**en** Schreibtisch.
ein**e** deutsch**e** Zeitschrift.	ein**e** deutsch**e** Zeitschrift.
ein teur**es** Fahrrad.	ein teur**es** Fahrrad.

ÜBUNG 36

Beispiel: Marianne hat __***ein weißes***__ Auto. *(weiß)*

1. Auf Gleis 3 steht _____ Zug. *(kurz)*

2. Haben Sie _____ Feuerzeug? *(rot)*

3. Der Herr hat _____ Portemonnaie in der Hand. *(neu)*

4. _____ Bus steht vor unserer Firma. *(lang)*

5. Kaufen Sie _____ Zeitung? *(englisch)*

6. Christine hat _____ Wohnung. *(billig)*

7. Wo ist hier _____ Park? *(groß)*

8. In der Schublade liegt _____ Brief. *(gelb)*

9. Es gibt _____ Restaurant in der Nähe. *(japanisch)*

10. Im Stadtpark sehe ich _____ Mann. *(alt)*

Herrn Lemperts Freunde warten im Restaurant Bonsai. Herr Lempert ist am Beethovenweg. Er sieht ein Kino, eine Bank und ein Café aber kein Restaurant.

– Entschuldigung!

– Ja, bitte?

– Sagen Sie, ist das Restaurant Bonsai hier in der Nähe?

– Hmm … Hier in der Nähe nicht, das Bonsai ist in der Beethovenstraße. Das hier ist der Beethoven*weg*!

– Ach ja? Und wo ist die Beethovenstraße?

– Hmm … 5 Minuten mit der U-Bahn! Aber in der Schillerstraße ist auch ein japanisches Restaurant …

– Ja, aber meine Freunde warten im Bonsai.

– Ach so! Gut, dann nehmen Sie die U-Bahn am Opernplatz.

– Und wo ist der Opernplatz?

– Gehen Sie die Rathausstraße geradeaus. Dann gehen Sie links. Das ist der Reuterweg. Rechts sehen Sie einen kleinen Kiosk, und direkt gegenüber ist der Opernplatz.

– Das ist aber kompliziert! Ich glaube, ich nehme ein Taxi.

– Tja, der Taxistand ist neben der Bank dort. Sehen Sie ihn?

– Ach ja. Vielen Dank!

– Nichts zu danken.

Im Taxi spricht Herr Lempert mit dem Fahrer.

– Guten Abend! In die Beethovenstraße bitte.

– Welche Hausnummer?

– Das weiß ich nicht. Aber das Restaurant Bonsai ist dort.

– Aha, das japanische Restaurant. Ich glaube, das ist neben einem großen Park.

– Sagen Sie bitte, wie ist das Bonsai?

– Das Bonsai ist neu. Es ist ein bißchen teurer, aber es ist auch sehr gut … So, wir sind da … Das macht 10,60 DM, bitte.

– Hier sind 13 DM. Vielen Dank!

– Bitte! Auf Wiedersehen!

ÜBUNG 37

Beispiel: Das Bonsai ist ___**b**___ .

        a) eine Stadt in Japan
        b) **in der Beethovenstraße**
        c) ein Restaurant in der Schillerstraße

1.   Die Beethovenstraße ist _____.

        a) in der Nähe vom Kiosk
        b) links von der Schillerstraße
        c) 5 Minuten mit der U-Bahn vom Beethovenweg

2.   In der Schillerstraße _____.

        a) ist eine U-Bahnhaltestelle
        b) warten Herrn Lemperts Freunde
        c) gibt es ein japanisches Restaurant

3.   Der Taxistand ist _____.

        a) nicht weit von der Bank
        b) neben einem großen Park
        c) gegenüber vom Opernplatz

> *Das ist . . .*
>
> ein großer Park.
> eine lange Straße.
> ein kleines Haus.
>
> *Das sind . . .*
> neu**e** Autos.
>
> *Ich wohne . . .*
>
> an ein**em** groß**en** Park.
> in ein**er** lang**en** Straße.
> in ein**em** klein**en** Haus.
>
> *Ich fahre gern . . .*
> mit neu**en** Autos.

ÜBUNG 38

Beispiel: Die Zigaretten sind in ein**er** weiß**en** Schachtel.

1. Peter fliegt mit ein____ alt____ Flugzeug.

2. Ich wohne hinter ein____ klein____ Parkplatz in der Benzstraße.

3. Frau Greiner arbeitet in ein____ ander____ Büro.

4. Das Café Kaiser ist zwischen zwei klein____ Straßen im Reuterweg.

5. Wir stehen vor ein____ italienisch____ Restaurant.

6. Ich arbeite bei ein____ amerikanisch____ Firma.

7. Michael wohnt in ein____ schön____ Haus.

8. Wir haben Büros in viel____ Städten.

ÜBUNG 39

Beispiele: Heute ist **Mittwoch**.
__Welcher Tag ist heute?__

Ich fahre **mit dem Auto**.
__Womit fahren Sie?__

1. **Fritz Lechner** ist Dieters Vater.

2. Ich fliege **nach Madrid**.

3. Das Flugzeug kommt **um 19.30 Uhr** an.

4. Das ist ein **kleiner** Hund.

5. Pfeifers sind **bis Freitag** in Bogota.

6. Frau Krause ist am Montag **in der Firma**.

7. **Jutta und ich** arbeiten bei Philips.

8. Ich spreche **Englisch und Deutsch**.

9. Matthias kommt **am Wochenende**.

10. Ingrid sitzt mit Friedrich **im Kino**.

11. Wir haben ein **blaues** Auto.

12. Ich fahre mit dem Zug **nach Bremen**.

ÜBUNG 40

Beispiel: Die Bank ist __**neben**__ dem Café.

Nähe
vor
zwischen
direkt
neben
links
am
gegenüber
weit

1. Der Parkplatz ist _____ Kino.

2. Der Park ist _____ vom Kiosk.

3. Ein Auto steht _____ der Schule.

4. Die Post ist _____ neben der Schule.

5. Das Kino ist _____ dem Museum und der Bank.

6. In der Parkstraße ist ein Café, und _____ ist ein Restaurant.

7. Das Hotel ist rechts vom Restaurant und _____ von der Schule.

8. Das Kino ist neben der Bank, und das Hotel ist auch in der _____.

Das ist ...
– der Kiosk
Platz
Stadtplan
Taxistand

– die Brücke
Hausnummer

– das Wochenende

Wer ist das?
– der Fahrer
Kunde

Ich sehe den Karton.   Ich sehe ihn.
meine Brille   sie
ein Auto   es

Was ist das?
– Das ist (k)ein großer Schreibtisch.
(k)eine deutsche Zeitschrift
(k)ein teures Fahrrad

Was haben Sie?
– Ich habe (k)einen großen Schreibtisch.
(k)eine deutsche Zeitschrift
(k)ein teures Fahrrad

Was ist das?
– Das ist (k)ein großer Park.
(k)eine lange Straße
(k)ein kleines Haus

Wo wohnen Sie?
– Ich wohne an einem großen Park.
in einer langen Straße
in einem kleinen Haus

Was für ein Auto haben wir?
Was für ein Hund ist das?

Präpositionen:
vor   hinter
rechts   links
weit   in (der Nähe)
neben   zwischen
direkt   gegenüber

Was tun Sie?
– Ich kaufe das Buch.
bezahle den Kaffee
mache die Flasche auf
mache das Fenster zu
parke mein Auto

Ausdrücke:
Wie geht's?
Wie weit ist der Bahnhof?
5 Minuten von hier.
Gern.
Doch, aber nicht hier.
Würden Sie bitte die Tür zumachen?
Sicher.
Schade!
Ja, bitte?
Wieviel macht das?
Nichts zu danken.
Sehr interessant.

KAPITEL

7

Es ist 9 Uhr. Herrn Hubers Sekretärin Frau Bauer sitzt an ihrem Schreibtisch.
Das Telefon klingelt.

–   Firma TransEuropa, Bauer. Guten Morgen!

–   Guten Morgen. Herrn Huber bitte!

–   Herr Huber ist nicht im Hause. Mit wem spreche ich, bitte?

–   Ich heiße Herbert Meißner.

–   Herr Huber ist gegen 14 Uhr im Büro. Und wie ist noch einmal Ihr Name?

–   Meißner mit ß.

–   Hat Herr Huber Ihre Telefonnummer?

–   Ja, aber ich gebe Ihnen meine neue Nummer: 74 39 68.

–   Gut, Herr Meißner. Herr Huber ist heute nachmittag hier. Ich spreche dann
    mit ihm. Auf Wiederhören!

–   Auf Wiederhören!

ÜBUNG 41

1. Wo arbeitet Frau Bauer?

2. Wie heißt Herr Meißner mit Vornamen?

3. Und wie schreibt man seinen Nachnamen?

4. Mit wem spricht er?

5. Spricht er morgens oder abends mit ihr?

6. Spricht er auch mit Herrn Huber?

7. Wann ist Herr Huber im Büro?

8. Welche Nummer gibt Herbert der Sekretärin?

9. Sagt er Frau Bauer auch seine Adresse?

10. Wann spricht die Sekretärin mit Herrn Huber?

Das ist ...	Ich zeige ...
d<u>er</u> Chef.	**dem** Chef meine Visitenkarte.
d<u>ie</u> Sekretärin.	**der** Sekretärin einige Briefe.
d<u>as</u> Mädchen.	**dem** Mädchen eine Postkarte.
Das sind ...	Ich zeige ...
d<u>ie</u> Freunde.	**den** Freunden meine Bilder.
Huber<u>s</u>.	Huber**s** mein Haus.

ÜBUNG 42

Beispiel: Herr Jost gibt __*der*__ Kundin einen guten Preis.

1. Ich zeige _____ Freund mein neues Auto.

2. Frau Bauer sagt _____ Direktorin „Guten Morgen".

3. Wer kauft _____ Kindern die Fahrräder?

4. Bitte, geben Sie _____ Herren aus England unsere Visitenkarte.

5. Ich sage _____ Taxifahrer meine Adresse!

6. Im Hotel gibt man _____ Leuten einen Stadtplan von Berlin.

7. Geben Sie _____ Frau Ihre Telefonnummer?

8. Bitte, zeigen Sie _____ Touristen ihre Zimmer!

In der Schweiz spricht **man** 4 Sprachen.
In Japan und Australien fährt **man** links.
Wo trinkt **man** viel Tee mit Milch?

ÜBUNG 43

Beispiel: In dieser Firma arbeiten die Leute 36 Stunden in der Woche.
In dieser Firma <u>arbeitet</u> <u>man</u> 36 Stunden in der Woche.

1. In München sagen die Leute „Grüß Gott!"

2. Welche Sprachen sprechen die Leute in Belgien?

3. Kaufen Sie Zeitschriften am Kiosk?

4. In Australien sehen die Leute viele Känguruhs.

5. In Deutschland und Frankreich arbeiten die Leute am 1. Mai nicht.

6. Wie sagen Sie „Auf Wiedersehen!" auf englisch?

7. In den Berlitz-Schulen sprechen die Schüler viele Sprachen.

8. Vom Flughafen nehmen die Leute einen Bus oder ein Taxi.

9. Wie kommen Sie von hier in die Kirchstraße?

10. In Deutschland trinken wir gern Bier.

> Das ist ...
> der türkische Teppich.
> die teure Uhr.
> das schöne Bild.
>
> Das sind ...
> die alten Autos.

> Ich sehe ...
> den türkischen Teppich.
> die teure Uhr.
> das schöne Bild.
>
> Ich sehe ...
> die alten Autos.

ÜBUNG 44

Beispiel: Herr Huber gibt seinem Sohn d**en** braun**en** Karton.

1. Susanne zeigt mir d___ erst___ Kapitel im Buch.

2. Sehen Sie d___ alt___ Häuser hinter dem Bahnhof?

3. Frau Bauer nimmt nicht d___ letzt___ Flug nach Frankfurt.

4. Bitte, sagen Sie uns d___ neu___ Flugnummer!

5. Kauft Georg d___ billig___ Fahrrad?

6. Bergers kaufen nicht d___ teur___ Bilder.

7. Wem zeigen Sie d___ alt___ Brücke?

8. Möchten Sie d___ englisch___ oder d___ deutsch___ Zeitung?

GUTE REISE, HERR LEMPERT!

Es ist Freitag, 17 Uhr. Herr Lempert kommt aus dem Büro. Vor der Firma sieht er Frau Bauer.

– Tag, Frau Bauer!

– Hallo, Herr Lempert, wie geht es Ihnen?

– Sehr gut. Das Wochenende ist da, und heute abend fahre ich mit meiner Familie in den Schwarzwald, nach Wildbad. Und was machen Sie?

– Nicht viel. Heute abend gehe ich mit meinem Mann ins Kino, und am Samstag fahren wir in die Stadt, um ein neues Sofa zu kaufen ... Sagen Sie, wie lange bleiben Sie in Wildbad, Herr Lempert?

– Nur zwei Tage. Am Sonntag kommen wir zurück.

– Und wie kommen Sie dahin? Mit dem Zug?

– Nein, wir fahren mit dem Auto. Freitag abends fährt kein Zug nach Wildbad.

– Ach so! Na, dann gute Reise, Herr Lempert!

– Schönes Wochenende, Frau Bauer!

1. Woher kommt Herr Lempert?

2. Wo spricht er mit Frau Bauer?

3. Mit wem fährt Herr Lempert in den Schwarzwald?

4. Wann fährt er?

5. Und wie lange bleibt er?

6. Womit fahren Lemperts nach Wildbad?

7. Wann fahren keine Züge nach Wildbad?

8. Was macht Frau Bauer am Freitag abend?

9. Mit wem fährt sie in die Stadt?

10. Und wann fährt sie?

ich	mir
Sie	Ihnen
er/es	ihm
sie	ihr
wir	uns
sie	ihnen

Er sitzt vor **ihnen**.

ÜBUNG 46

Beispiel: **Wir** stehen hinter Herrn Lauterbach.
Er steht vor _**uns**_ .

1. Das Telefon steht nicht neben **der Sekretärin**. Es steht vor _____.

2. **Ralf** sitzt neben Anja und **Ute**. Anja sitzt zwischen _____.

3. **Frau Roth** und **ich** stehen vor der Bank. Ihr Hund sitzt neben _____.

4. **Sie** sitzen am Schreibtisch. Herr Salzer steht hinter _____.

5. Liegt der Brief hinter **dem Direktor**? Nein, er liegt vor _____.

6. Ralf geht nicht mit **Ulla** in die Stadt, sondern er geht mit _____ in den Park.

7. **Ich** sehe Ihr Portemonnaie. Es liegt vor _____.

8. Liegt meine Jacke hinter **Ihrem Sohn**? Ja, sie liegt hinter _____.

9. **Wir** sitzen im Restaurant, und Rainer sitzt neben _____.

10. Stehen Sie hinter **Kurt** und **Jens**? Nein, ich stehe zwischen _____.

Susanne kommt um 8 Uhr
morgens **an die Haltestelle**.

Um 8.05 Uhr fährt der Bus
in die Stadt.

Um 8.35 Uhr kommt sie am
Ebertplatz an. Sie geht **ins Büro**.

Um 16.45 Uhr geht sie
nach Hause.

Was?	*Wo?*	*Wohin?*
der Park	*im* Park	in **den** Park
die Stadt	*in der* Stadt	in **die** Stadt
das Büro	*im* Büro	**ins** Büro

an das → **ans** *(Fenster / Telefon)*
in das → **ins** *(Büro / Zimmer)*

ÜBUNG 47

(Bild S. 75)

1. Wohin fährt Susanne um 8.05 Uhr?

2. Wo ist sie um Viertel nach 8?

3. Und wo ist sie um 8.35 Uhr?

4. Wohin geht Susanne um 8.35 Uhr?

5. Wo ist sie um 9 Uhr?

6. Was macht sie um Viertel vor 5?

ÜBUNG 48

Beispiel: Karl ist heute vormittag in der Firma. *(kommen)*
Er kommt heute vormittag <u>in die</u> Firma.

1. Sigrid und Klaus sitzen nicht im Restaurant. *(gehen)*

2. Ich bin um 8 Uhr im Büro. *(fahren)*

3. Wer sitzt im Café? *(gehen)*

4. Ich stehe am Fenster. *(kommen)*

5. Der Bus steht in der Bahnhofstraße. *(fahren)*

6. Die Schüler sitzen im Park. *(gehen)*

7. Hubers stehen an der Tür. *(kommen)*

8. Horst ist nicht in der Schweiz. *(fahren)*

9. Mit wem sind Sie im Kino? *(gehen)*

10. Wir sind in der Stadt. *(fahren)*

Das ist ...
– der Buchstabe

– das Alphabet
   Wort

Wem zeige ich das Buch?
– Ich zeige dem Direktor das Buch.
   der Schülerin
   dem Mädchen
   den Freunden

Was tun Leute in anderen Ländern?
– In Japan fährt man links.
– In England sagt man „Hello!"
– In Israel schreibt man von rechts
   nach links.

*Wie viele Sprachen spricht man in
der Schweiz?*
– In der Schweiz spricht man 4
   Sprachen.

Was sehen Sie?
– Ich sehe den türkischen Teppich.
   die teure Uhr
   das schöne Bild
   die alten Autos

Wer sitzt vor Ihnen?
– Er sitzt vor mir.
   Ihnen
   ihm
   ihr
   uns
   ihnen

Wohin gehen Sie?
– Ich gehe in den Park.
   in die Stadt
   ins Büro
   ans Fenster

Was tun Sie?
– Ich gebe dem Kunden meine Karte.

Ausdrücke:
Guten Morgen! Herrn Huber bitte!
Mit wem spreche ich, bitte?
Wie ist Ihr Name?
Herr Huber ist gegen 14 Uhr im
   Büro.
Wie lange bleiben Sie im
   Schwarzwald?
Na, dann gute Reise!
Schönes Wochenende!

KAPITEL

8

Samstag morgen, 9.30 Uhr. Herr Huber kommt mit dem Taxi am Frankfurter Flughafen an. Er hat einen Flugschein für den Flug 371 nach Lissabon um 10.30 Uhr. Aber Herr Huber kann keinen Lufthansa-Schalter sehen. Er fragt die Frau an der Information.

Herr Huber: Entschuldigen Sie, wo bitte ist die Lufthansa?

Angestellte: Sehen Sie diesen Korridor dort hinten? Da müssen Sie links gehen. Dann ist rechts die Lufthansa.

Herr Huber: Vielen Dank!

Angestellte: Bitte!

Am Schalter gibt man Herrn Huber seine Bordkarte und man sagt ihm, wo seine Maschine[1] abfliegt. Herr Huber trinkt einen Kaffee, und dann kauft er an einem Kiosk eine Zeitung, weil er im Flugzeug etwas lesen will. Er sieht auf die Uhr.

Herr Huber: Was? 10.25 Uhr!! In 5 Minuten fliegt mein Flugzeug ab ...

[1] *Maschine = Flugzeug*

ÜBUNG 49

Beispiel: Am Samstag morgen um 9.30 Uhr __*b*__ .

    a) fliegt Herr Huber nach Lissabon
    b) ist Herr Huber am Flughafen
    c) nimmt Herr Huber ein Taxi

1. Herr Huber ____ .

    a) muß eine Bordkarte kaufen
    b) hat einen Flugschein für den Flug 371
    c) kann den Informationsschalter nicht sehen

2. Er steht an der Information, weil ____ .

    a) er einen Flugschein kaufen will
    b) am Flughafen keine Schalter sind
    c) er keinen Lufthansa-Schalter sehen kann

3. Die Frau an der Information ____ .

    a) will ihm zeigen, wo der Korridor ist
    b) muß ihn fragen, wo die Schalter sind
    c) kann ihm sagen, wo die Lufthansa ist

4. Herr Huber steht am Lufthansa-Schalter, weil ____ .

    a) er der Lufthansa seine Bordkarte geben will
    b) dort seine Maschine abfliegt
    c) er noch keine Bordkarte hat

5. Sein Flugzeug ____ .

    a) fliegt um 10.30 Uhr ab
    b) fliegt um 11 nach Portugal
    c) kommt um 10.25 Uhr aus Lissabon

6. Herr Huber kauft eine Zeitung, ____ .

    a) weil er sie am Kiosk liest
    b) um sie im Flugzeug zu lesen
    c) weil er sie im Café lesen will

Er **will** in die Bank **gehen**.

Er **kann** nicht in die Bank **gehen**.

Er **muß warten**.

ich	kann	will	muß	
Sie	können	wollen	müssen	arbeiten,
er	kann	will	muß	kaufen,
wir	können	wollen	müssen	gehen, *usw.*
sie	können	wollen	müssen	

> Uwe <u>geht</u> heute ins Kino.
> → Er **will** heute ins Kino **gehen**.
>
> **Können** Sie bitte die Tür **aufmachen**?
> Wir **müssen** unsere Fahrkarten am Schalter **kaufen**.

ÜBUNG 50

Beispiel: Ich komme heute leider nicht. *(können)*
   Ich kann heute leider nicht kommen.

1. _____ man viel Geld haben, um einen Rolls Royce zu kaufen? *(müssen)*

2. _____ Sie mir sagen, wo die Bushaltestelle ist? *(können)*

3. Wir müssen Pässe haben, weil wir nach China fliegen _____. *(wollen)*

4. In England _____ man links fahren. *(müssen)*

5. _____ Sie die Zeitung von heute lesen? *(wollen)*

6. Entschuldigen Sie bitte, _____ ich Sie etwas fragen? *(können)*

7. Wo _____ man hier Zigaretten kaufen? *(können)*

8. Sie _____ mit Herrn Enders deutsch sprechen, weil er kein Englisch spricht. *(müssen)*

9. Man _____ hier nur geradeaus fahren. *(können)*

10. Wir _____ in die Weinstube gehen, um mit ein paar Freunden etwas zu trinken. *(wollen)*

ÜBUNG 51

Beispiel: Das Stadtmuseum ist gegenüber ___**vom**___ Bahnhof.

    a) von   **b) vom**   c) vor

1. Sie müssen _____ die Heuss-Brücke fahren, um in die Stadt zu kommen.

    a) an   b) über   c) auf

2. Wie kommt Frau Bertram _____ Frankfurt? Mit dem Flugzeug?

    a) zu   b) für   c) nach

3. Können Sie bitte die Blumen _____ Fenster stellen?

    a) an   b) am   c) ans

4. Links _____ der Bushaltestelle kann man Stadtpläne kaufen.

    a) am   b) von   c) in

5. Sabine spricht mit meiner Freundin Gerda _____ ihre Firma.

    a) über   b) von   c) zu

6. Tut mir leid, aber unser Direktor ist morgen nicht _____ Hause!

    a) am   b) im   c) nach

7. Wolfgang und Beate warten seit zwei Stunden im Stadtpark _____ uns.

    a) für   b) auf   c) bei

8. _____ Taxistand in der Elbestraße gibt es einen großen Zeitungskiosk.

    a) Im   b) An   c) Am

Es ist Montag abend, 5 Uhr. Frau Küssel und Herr Huber kommen aus der Firma. Frau Küssel hat ein Italienischbuch in der Hand.

– Sprechen Sie Italienisch, Frau Küssel?

– Nein, aber ich lerne Italienisch zweimal in der Woche.

– Und warum lernen Sie Italienisch?

– Mein Mann und ich wollen dieses Jahr nach Italien fahren.

– Sehr schön. Wo nehmen Sie Unterricht?

– Bei Berlitz, montags und donnerstags.

– Aha. Und wie ist es dort? Muß man viel lesen und schreiben?

– Oh, nein, wir sprechen. Und wir sprechen nur Italienisch im Unterricht.

– Nur Italienisch?! Und das geht?

– Ja, das geht gut. Wir wiederholen, was der Lehrer sagt. Der Lehrer stellt uns Fragen, und wir antworten. Und dann stellen wir ihm Fragen, und er antwortet uns, aber nie auf deutsch, immer auf italienisch.

– Und Sie können alles verstehen?

– Ja, natürlich. Das ist die Berlitz-Methode. Kommen Sie einmal in die Schule, wenn Sie wollen. Dort können Sie mit dem Direktor sprechen. Er kann Ihnen alles erklären.

1. Woher kommen Herr Huber und Frau Küssel?

2. Was hat Frau Küssel in der Hand?

3. Warum will sie Italienisch lernen?

4. In welche Schule geht sie?

5. Wie oft nimmt sie Italienischunterricht?

6. Wann hat sie Unterricht?

7. Welche Sprache sprechen Frau Küssel und ihr Lehrer im Klassenzimmer?

8. Was machen die Schüler, wenn der Lehrer Fragen stellt?

9. Kann Frau Küssel alles verstehen?

10. Wohin muß Herr Huber gehen, wenn er den Direktor sehen will?

> Das Café ist geöffnet. Wir trinken einen Tee.
> → **Wenn** das Café geöffnet **ist**, trinken wir einen Tee.
>
> **Wenn** Petra in die Stadt geht, geht sie zu Fuß.
> **Wenn** ich Englisch lernen will, nehme ich Unterricht.
> Schreiben Sie mir, **wenn** Sie in Rom ankommen.

ÜBUNG 53

Beispiele: Ich komme nach Hause. Ich lese die Zeitung.
            ***Wenn** ich nach Hause komme, lese ich die Zeitung.*

            Bernd nimmt den Bus. Er fährt nicht mit dem Auto.
            Bernd nimmt den Bus, **wenn** er nicht mit dem Auto fährt.

1. Wir möchten Fahrkarten kaufen. Wir müssen am Schalter fragen.

2. Frau Kranz kommt aus Athen zurück. Sie zeigt ihrer Tochter Fotos.

3. Horst will seine Freunde sehen. Er ist nächste Woche in Madrid.

4. Fragen Sie die Frau an der Information. Sie sagt Ihnen die Flugnummer.

5. Herr Stengel trinkt Kaffee. Er ist um 7 Uhr im Büro.

6. Ich bin in München. Ich gehe mit Andrea ins Deutsche Museum.

7. Wir schreiben Ihnen eine Postkarte. Wir fliegen nach Rußland.

8. Man kommt morgens ins Büro. Man sagt „Guten Morgen!"

9. Heißen Sie Scholl? Dieser Brief ist für Sie.

10. Wir wollen zusammen nach Rio fliegen. Wir müssen Flugscheine kaufen.

ÜBUNG 54

Beispiel: Ich kann diesen Schreibtisch nicht heben. Er ist zu __*schwer*__ .

    a) leicht   **b) schwer**   c) schwierig

1. Man spricht in Straßburg Französisch, _____ die Stadt in Frankreich liegt.

    a) wenn   b) weil   c) wann

2. Wissen Sie, _____ in der Woche Frau Küssel Italienischstunden nimmt?

    a) wie   b) wieviel   c) wie oft

3. Der Lehrer _____ Fragen, und wir antworten.

    a) stellt   b) legt   c) steht

4. Entschuldigung, wissen Sie, wo hier eine Bushaltestelle ist?
   Sie ist dort _____.

    a) hier   b) hinter   c) drüben

5. Auch in Deutschland hört man _____ Englisch.

    a) nie   b) manchmal   c) immer

6. Herr Kossoff spricht russisch. Ich kann nicht verstehen, _____ er sagt.

    a) was   b) welche   c) wenn

7. Es tut mir leid, aber hier _____ man nicht rauchen!

    a) möchte   b) will   c) darf

8. Bitte _____ Sie uns, wie man von hier zum Flughafen kommt.

    a) erklären   b) antworten   c) verstehen

> **Wohin** fährt Herr Reuter?
> → Wissen Sie, **wohin** Herr Reuter fährt?
>
> Wissen Sie, **wann** der Spanischunterricht anfängt?
> **wer** am Wochenende arbeitet?
> **um wieviel Uhr** dieser Zug zurückfährt?

ÜBUNG 55

Beispiel: Wohin geht Frau Gerber heute abend?
   Wissen Sie, <u>wohin</u> Frau Gerber heute abend geht?

1.   Wieviel kostet eine Fahrkarte nach Berlin?

2.   Wo ist Mariannes Sohn?

3.   Was machen Sie am Wochenende?

4.   Wie lange bleiben Hansens in Griechenland?

5.   Wann kommt Rudolf aus Neuseeland zurück?

6.   Welche Sprachen spricht Ihre Freundin?

7.   Bis wann ist das Museum geöffnet?

8.   Welcher Tag war gestern?

9.   Seit wann ist Herr Kunz verheiratet?

10.   Wie oft fährt Herr Ott nach München?

Das ist ...
– der Flugschein
  Paß
  Schalter

– die Antwort
  Bordkarte
  Fahrkarte
  Frage
  Information

können / wollen / müssen
– Ich muß in die Stadt fahren.
– Sie wollen ins Kino gehen.
– Er / sie kann nicht kommen.
– Wir / sie müssen arbeiten.

Warum wollen Sie Italienisch lernen?
– Ich will Italienisch lernen, weil
  ich nach Italien fahren will.

*Was machen Sie, wenn Sie nach
Hause kommen?*
– Wenn ich nach Hause komme, lese
  ich die Zeitung.

*Was müssen Sie haben, wenn Sie mit
dem Zug fahren wollen?*
– Wenn ich mit dem Zug fahren will,
  muß ich eine Fahrkarte haben.

Wissen Sie, ...
  wohin der Zug fährt?
  wie oft der Bus fährt?
  wieviel Uhr es ist?
  wann der Unterricht anfängt?
  wer am Sonntag arbeitet?

Wie oft nehmen Sie Unterricht?
– einmal in der Woche
  zweimal
  dreimal

Fahren Sie oft mit dem Bus?
– Ich fahre nie mit dem Bus.
         manchmal
         immer

Was tun Sie?
– Ich gebe meinem Chef eine Antwort.
  erkläre ihm, wo das Café ist
  stelle meiner Freundin eine Frage
  rauche eine Zigarette

Ausdrücke:
Entschuldigen Sie, wo bitte ist die
  Lufthansa?
Können Sie mir sagen, wo die
  Bushaltestelle ist?
Kann ich Sie etwas fragen?
Da müssen Sie links gehen.
Sprechen Sie Italienisch?
Wo nehmen Sie Unterricht?
Und das geht?
Ja, das geht gut.
Ja, natürlich.

KAPITEL

Anne und Ulrich Lempert waren letztes Wochenende in München. Diese schöne Stadt liegt an der Isar, und man kann dort die alte Frauenkirche, den Marienplatz und das alte Rathaus sehen.

Samstag morgen haben Lemperts im Hotel gefrühstückt, und dann waren sie im Deutschen Museum. Am Nachmittag hat Anne ein paar Souvenirs gekauft, und am Abend haben sie dann nicht weit von der Universität in einem Biergarten gesessen. Dort haben sie Weißbier getrunken und Weißwurst gegessen, bayrische[1] Spezialitäten.

Am Sonntag waren Lemperts auf der Leopoldstraße. Dort gibt es viele Cafés und Galerien. Und dann waren sie im Englischen Garten, einem großen und sehr schönen Münchner Park. Am Abend haben sie im Spatenhaus gegessen, einem ausgezeichneten Münchner Restaurant.

[1] *bayrisch = aus Bayern*

ÜBUNG 56

1. Wo haben Lemperts in München gewohnt?

2. Wann haben sie das Deutsche Museum gesehen?

3. Was hat Anne in der Stadt gemacht?

4. Wo haben sie Weißbier getrunken?

5. Wo gibt es in München viele Galerien?

6. Was haben Lemperts im Spatenhaus gemacht?

Guten Appetit!

Er trinkt Wein.

Er **hat** Wein **getrunken**.

Regelmäßige Verben

fragen	ich **habe**	ge**fragt**
kaufen	Sie **haben**	ge**kauft**
haben ⇨	er / sie **hat**	ge**habt**
arbeiten	wir **haben**	ge**arbeitet**
aufmachen	sie **haben**	**auf**ge**macht**

Unregelmäßige Verben

lesen	ich **habe**	ge**lesen**
sprechen	Sie **haben**	ge**sprochen**
nehmen ⇨	er / sie **hat**	ge**nommen**
essen	wir **haben**	ge**gessen**
anfangen	sie **haben**	**an**ge**fangen**

(siehe Anhang S. 154)

ÜBUNG 57

Beispiel: Ich spreche jeden Tag mit Roland.

Aber gestern __*habe*__ ich nicht mit ihm __*gesprochen*__ .

1. Ludwig nimmt nicht immer den Bus in die Stadt.

Am Wochenende _____ er den Zug _____ .

2. Bogners essen oft Chinesisch.

Aber am Sonntag _____ sie Italienisch _____ .

3. Hört Ihr Spanischunterricht morgen auf?

Nein, mein Spanischunterricht _____ am Mittwoch _____ .

4. Andreas schreibt heute nur einen Brief.

Und wie viele Briefe _____ er gestern _____ ?

5. Spricht Herr Lempert mit Ihnen?

Wann _____ Sie mit ihm _____ ?

6. Wir warten eine halbe Stunde auf die U-Bahn.

Und wie lange _____ Sie gestern auf den Bus _____ ?

7. Normalerweise arbeite ich 36 Stunden in der Woche.

Aber letzte Woche _____ ich 42 Stunden _____ .

8. Heute lesen Sie die Abendzeitung.

Gestern _____ Sie sie nicht _____ .

9. Wann fängt die neue Sekretärin an zu arbeiten?

Sie _____ heute morgen um 8 Uhr _____ zu arbeiten.

10. Können Sie den Flugschein auf meinen Schreibtisch legen?

Ich _____ ihn gestern abend auf Ihren Schreibtisch _____ .

ÜBUNG 58

Beispiel: Anita __*spricht*__ gut Italienisch. Sie hat diese **Sprache** bei
Berlitz gelernt.

1. Ich muß nächste Woche nach New York _____. Gibt es noch **Flüge**
am Dienstag?

2. Eberhard ist **Raucher**. Aber in seiner Firma darf man nicht _____.

3. Im Hotel gibt es kein **Frühstück**. Herr Schenk muß in einem Café _____.

4. Haben Sie eine neue _____? Ja, wir **wohnen** jetzt in der Kantstraße.

5. Ich muß heute mittag in meiner Klasse drei Schüler **unterrichten**. Der
_____ fängt um 15 Uhr an.

6. Ein Kollege hat mich etwas am Telefon _____, aber ich habe seine
Frage nicht verstanden.

7. Vielen **Dank** für die Tasse Kaffee! – Bitte sehr. Nichts zu _____.

8. Frau Lessing kommt um 5 Uhr von der **Arbeit**. Sie _____ jeden Tag
8 Stunden.

Anne und Ulrich Lempert sitzen im Restaurant Spatenhaus. Ah, da kommt
der Kellner.

Kellner:	Guten Abend! Haben Sie schon bestellt?
Ulrich:	Noch nicht. Können wir die Speisekarte sehen?
Kellner:	Gern.
	(Der Kellner bringt die Speisekarte.)
Kellner:	Möchten Sie schon etwas trinken?
Ulrich:	Ja, für mich bitte ein Bier.
Anne:	Und für mich ein Mineralwasser.
Kellner:	Ein Wasser, ein Bier. Kommt sofort.
	(Der Kellner bringt die Getränke[1].)
Kellner:	So, bitte schön, ein Wasser, ein Bier. Möchten Sie jetzt bestellen?
Ulrich:	Also, ich hätte gern das Steak mit Kartoffeln und Salat.
Anne:	Für mich bitte das Fischfilet mit Pommes frites.

[1] *Getränke = Cola, Bier, Wein, Wasser, usw.*

(Der Kellner bringt das Essen.)

Kellner: Bitte sehr, einmal Steak und einmal Fischfilet. Guten Appetit!

Anne: Vielen Dank, und noch ein Wasser bitte.

Kellner: Bitte sehr.

(Nach dem Essen kommt der Kellner zurück.)

Kellner: Hat es Ihnen geschmeckt?

Ulrich: Danke, sehr gut!

Kellner: Möchten Sie einen Nachtisch? Wir haben sehr guten Kuchen …

Ulrich: Nein danke! Aber können wir vielleicht zwei Kaffee haben? … Und dann die Rechnung.

(Der Kellner bringt den Kaffee und schreibt die Rechnung.)

Kellner: So, das macht 54,80 DM.

(Ulrich legt 60 Mark auf den Tisch.)

Ulrich: Stimmt so!

Kellner: Vielen Dank!

Ulrich: Bitte, bitte!

ÜBUNG 59

1. Was wollen Lemperts sehen, bevor sie etwas bestellen?

2. Was bestellt Anne zu trinken?

3. Was möchte Ulrich essen?

4. Wie hat Lemperts das Essen geschmeckt?

5. Was bestellen sie nach dem Essen?

6. Wieviel kostet das Essen?

7. Wie bezahlt Ulrich die Rechnung?

8. Wieviel Trinkgeld gibt er?

ÜBUNG 60

Beispiel: Heute wollen wir in der Alten Post __zu__ Mittag essen.

    a) um   b) **zu**   c) zum

1. Im Restaurant sitzen heute _____ viele Leute.

    a) besonders   b) ungefähr   c) normalerweise

2. _____ der Kellner kommt, müssen wir 15 Minuten warten.

    a) Weil   b) Vor   c) Bevor

3. „Herr Ober, bitte bringen Sie uns die Speisekarte" – „_____ sofort!"

    a) Geht   b) Bringt   c) Kommt

4. „Heute habe ich Appetit _____ Steak mit Kartoffeln", sagt mein französischer Freund Pierre.

    a) an   b) auf   c) für

5. „Hähnchen mit Pommes frites schmeckt _____", sagt Anne.

    a) mir gut   b) gut für mich   c) gut zu mir

6. Ich möchte kein Hähnchen oder Steak. Ich nehme _____ einen Salat.

    a) noch   b) nur   c) nicht

7. „Kann ich _____ einen Nachtisch bringen?" – „Nein, danke."

    a) Sie   b) zu Ihnen   c) Ihnen

8. Dann warten wir auf den Kellner, um die _____ zu bezahlen.

    a) Quittung   b) Rechnung   c) Trinkgeld

ÜBUNG 61

Beispiele:

Hat der Kellner schon die Speisekarte gebracht?
Ja, er hat sie schon gebracht.

Haben Lemperts schon gegessen?
Nein, sie haben noch nicht gegessen.

1. Haben sie schon den Kellner gerufen?
2. Haben sie schon bestellt?

3. Haben Lemperts schon die Speisekarte gelesen?
4. Haben sie schon aufgehört zu essen?
5. Hat Ulrich schon etwas getrunken?
6. Haben Lemperts schon um die Rechnung gebeten?

7. Hat der Kellner schon die Rechnung gebracht?
8. Hat Ulrich schon das Geld auf den Tisch gelegt?
9. Hat der Kellner das Geld schon genommen?
10. Haben Lemperts schon „Auf Wiedersehen" gesagt?

Im Restaurant

Herr Ober!
Bedienung!

Haben Sie schon bestellt?
Möchten Sie schon etwas zu trinken?

Kann ich bitte die Speisekarte sehen?
Wir möchten gern bestellen.
Was können Sie uns empfehlen?
Die Suppe ist heute ausgezeichnet.

Haben Sie Mineralwasser?
Bringen Sie mir bitte ein Glas Wein.
Ich nehme einen Salat.
Für mich bitte das Steak mit Pommes frites.
Kann ich noch ein Bier haben?

Möchten Sie einen Nachtisch?
Was für Nachtisch haben Sie?

Guten Appetit!
Zum Wohl!

Hat es Ihnen geschmeckt?
Sehr gut, danke!

Die Rechnung, bitte!
Herr Ober, zahlen bitte!
Nehmen Sie Kreditkarten?
Kann ich eine Quittung haben?

Hier sind … DM. Stimmt so!

Das ist ...

– der Kuchen	– das Essen
Löffel	Fischfilet
Nachtisch	Frühstück
Pfeffer	Getränk
Salat	Messer
Teller	Mineralwasser
	Salz
– die Gabel	Steak
Kartoffel	Trinkgeld
Kreditkarte	
Quittung	
Rechnung	
Serviette	
Speisekarte	

Wer ist das?
– der Kellner
– die Kellnerin

Was haben Sie gestern gemacht?

ich habe	gefragt
Sie haben	gearbeitet
er / sie hat	gekauft
wir haben	gelesen
sie haben	gesprochen

Was möchten Sie sehen, bevor Sie bestellen?
– Ich möchte die Speisekarte sehen, bevor ich bestelle.

Wann fahren Sie ins Büro?
– Normalerweise fahre ich um 7 Uhr ins Büro.

Hat der Kellner schon die Speisekarte gebracht?
– Ja, er hat sie schon gebracht.

Haben Sie schon bestellt?
– Nein, wir haben noch nicht bestellt.

Ausdrücke:
Heute habe ich Appetit auf Steak.
Kann ich bitte die Speisekarte sehen?
Was können Sie uns empfehlen?
Guten Appetit!
Zum Wohl!
Das schmeckt mir gut.
Kommt sofort.
Herr Ober, zahlen bitte!
Das macht 60 DM.
Kann ich eine Quittung haben?

KAPITEL

10

Max Seibold arbeitet bei einer Computerfirma in Basel und ist oft geschäftlich in Frankreich und Belgien. Am Montag morgen spricht er mit einem Kollegen in der Firma.

Seibold: Guten Morgen, Herr Hauser!

Hauser: Morgen, Herr Seibold! Ich habe Sie schon einige Wochen nicht mehr gesehen. Waren Sie unterwegs?

Seibold: Ich war mit meiner Familie in Brüssel, aber ich habe auch einen Kunden besucht.

Hauser: Sind Sie geflogen?

Seibold: Nein, wir sind mit dem Auto gefahren, weil wir auch Freunde in Luxemburg besucht haben.

Hauser: Sind Sie lange mit dem Auto gefahren?

Seibold: Viel zu lange. Mehr als sieben Stunden.

Hauser: Und wie lange sind Sie in Brüssel geblieben?

Seibold: Nur eine Woche. Wir sind am Freitag wieder zurückgekommen … Sagen Sie, Herr Hauser, waren Sie schon einmal in Brüssel?

Hauser: Ja, aber nur geschäftlich. Ich habe nie etwas von der Stadt gesehen. Sie wissen ja, Termine, Termine und wieder Termine ...

Seibold: So ist es bis jetzt auch bei mir gewesen. Aber meine Frau hat vor ein paar Jahren in Brüssel gewohnt, und sie hat mir die Stadt gezeigt. Brüssel ist ja eine internationale Stadt, und es gibt dort viel zu sehen.

Hauser: Sehr interessant. Und wo haben Sie gewohnt?

Seibold: Im Hotel Métropole. Kennen Sie das?

Hauser: Ja, natürlich. Ich habe auch schon dort gewohnt. Das ist ein ausgezeichnetes Hotel ... Aber ich war lange nicht mehr in Brüssel.

Seibold: Also Herr Hauser, wenn Sie geschäftlich wieder nach Brüssel fahren müssen, sprechen Sie mit mir. Ich kann Ihnen ein paar gute Tips[1] geben.

[1] *Tip = Information*

ÜBUNG 62

1. Bei was für einer Firma arbeitet Herr Seibold?

2. Wie lange ist er in Brüssel gewesen?

3. Mit wem ist er dort gewesen?

4. Wie lange sind Seibolds von Basel nach Brüssel gefahren?

5. Warum sind sie nicht nach Belgien geflogen?

6. Warum kennt Herr Seibold Brüssel besser als Herr Hauser?

Letzte Woche **ist** er nach Brüssel **gefahren**.   Heute **fährt** er wieder ins Büro.

gehen	ich **bin**	**gegangen**
fliegen	Sie **sind**	**geflogen**
fahren ⇨	er **ist**	**gefahren**
sein	wir **sind**	**gewesen**
ankommen	sie **sind**	**angekommen**

(siehe Anhang S. 154)

Heute gehen wir ins Kino. Gestern **sind** wir ins Museum **gegangen**.
Jetzt fahre ich mit dem Taxi. Heute morgen **bin** ich mit dem Bus **gefahren**.
Elke ist nicht hier. Sie **ist** zu Hause **geblieben**.

Der nächste Zug fährt gleich ab. Der letzte **ist** vor einer Stunde **abgefahren**.
Wann kommen Jansens zurück? Sie **sind** schon gestern **zurückgekommen**.
Diesen Samstag fahren wir nicht weg, weil wir letzten Samstag **weggefahren sind**.

Beispiel: Herr Seibold geht um 16 Uhr nach Hause.
Er _ist_ um 16 Uhr nach Hause _gegangen_.

1. Wir fahren nicht oft mit dem Fahrrad in die Stadt.

2. Kommen Sie am Flughafen Berlin Tegel oder Tempelhof an?

3. Bei Sommers ist niemand zu Hause.

4. Von welcher Haltestelle fährt die U-Bahn ab?

5. Claudia fliegt am Dienstag nicht mit uns nach London.

6. Fahren Sie im Januar mit Kollegen nach Stockholm?

7. Wann fliegt Gudrun in die Schweiz?

8. Der Zug nach Moskau fährt um 20 Uhr ab.

9. Wer geht mit Ihnen ins Restaurant?

10. Herr Vollmer ist nie geschäftlich unterwegs.

11. Fahren Sie dieses Jahr nach Spanien?

12. Ich gehe am Wochenende manchmal ins Kino.

ÜBUNG 64

Beispiele: Peter geht nach dem Frühstück ins Büro.
Er _ist_ nach dem Frühstück ins Büro <u>gegangen</u>.

Ich sage den Termin am Freitag ab.
Ich _habe_ den Termin am Freitag <u>abgesagt</u>.

1. Dagmar liest am Samstag zwei Zeitungen.

2. Ich fahre nicht mit dem Bus in die Stadt.

3. Wie lange dauert Ihre Besprechung?

4. Wir essen heute schon um 12 Uhr zu Mittag.

5. Gehen Sie auch mit ins Kino?

6. Ich verstehe Ihre Frage nicht.

7. Am wievielten fahren Sie geschäftlich nach Oslo?

8. Die Angestellten sprechen mit ihrem Chef.

9. Wer fährt morgens mit der U-Bahn?

10. Ich wohne in einer großen Wohnung am Marktplatz.

11. Kommt Herr Lindt am Montag in Stuttgart an?

12. Wir sind um 18 Uhr im Café Albatros.

Herr Seibold wählt die Nummer von Herrn Hüttings Büro. Herr Hütting ist ein guter Kunde.

Frau Jahn: Büro Hütting, Jahn. Guten Tag!

Seibold: Guten Tag, Frau Jahn! Seibold hier. Kann ich bitte mit Herrn Hütting sprechen?

Frau Jahn: Tut mir leid, Herr Hütting spricht gerade auf der anderen Leitung. Möchten Sie eine Nachricht hinterlassen, oder kann er Sie zurückrufen?

Seibold: Bitte sagen Sie ihm, daß ich ihn später noch einmal anrufe.

Frau Jahn: Ach, Moment, Herr Seibold, die Leitung ist wieder frei. Ich kann Sie jetzt verbinden ...

Herr Seibold teilt Herrn Hütting mit, daß er den Termin für den nächsten Tag leider absagen muß. Er muß nach London fliegen und ist nicht vor Freitag zurück.

Seibold: Und von Freitag mittag bis Montag bin ich dann bei Kunden in Zürich.

Hütting: In Zürich? Wunderbar! Ich fahre auch nach Zürich, weil ich dort am Samstag an einer Besprechung teilnehme. Wir können vielleicht zusammen essen.

Seibold: Sehr gut! Und wann paßt es Ihnen?

Hütting: Wie wär's mit Samstag abend in meinem Hotel? Ich wohne im St. Gotthard. Sagen wir um 19 Uhr?

Seibold: 19 Uhr ist ausgezeichnet. Ich wohne im Savoy. Das ist nur 10 Minuten zu Fuß.

Hütting: Schön. Bis Samstag also. Auf Wiederhören, Herr Seibold!

Seibold: Auf Wiederhören!

ÜBUNG 65

1. Wer ist Herr Hütting?

2. Warum muß Herr Seibold den Termin mit Herrn Hütting absagen?

3. Warum kann er nicht gleich mit ihm sprechen?

4. Wie lange ist Herr Seibold in der Schweiz?

5. Wo ist Herr Seibold am Montag?

6. Was macht er dort?

7. Wann kann Herr Seibold Herrn Hütting sehen?

8. Wie kommt Herr Seibold ins Hotel St. Gotthard?

„Wohin fahren Sie?"   *„Ich fahre nach Italien."*

Er fragt, wohin sie fährt.   Sie sagt, daß sie nach Italien fährt.

Direkte Rede	Indirekte Rede
	Sie <u>sagt</u>,
„<u>Ich</u> fliege nach Florenz."	... **daß** <u>sie</u> nach Florenz **fliegt**.
„<u>Meine</u> Firma hat Kunden in Italien."	... daß <u>ihre</u> Firma Kunden in Italien **hat**.
	Er <u>fragt</u>,
„Sind Sie viel unterwegs?"	... **ob** sie viel unterwegs **ist**.
„Was machen Sie in Florenz?"	... was sie in Florenz **macht**.

ÜBUNG 66

Beispiele: „Der Film fängt um 18.30 Uhr an."
Udo sagt, __daß der Film um 18.30 Uhr anfängt__ .

„Fährt der Zug um 9 Uhr ab?"
Claudia fragt, __ob der Zug um 9 Uhr abfährt__ .

„Wann sind Sie nach Moskau geflogen?"
Jemand will wissen, __wann Sie nach Moskau geflogen sind__ .

1. „Ich habe das Fenster zugemacht."
   Ulrike sagt, _____.

2. „Sprechen Sie gut Englisch?"
   Herr Huber fragt mich, _____.

3. „Gibt es hier in der Nähe einen Kiosk?"
   Wissen Sie, _____?

4. „Das Wort *Adresse* schreibt man mit einem *d*!"
   Ich glaube, _____.

5. „Wieviel kostet ein Brief nach Indien?"
   Frau Schubert möchte wissen, _____.

6. „Die Maschine aus Mailand ist schon angekommen."
   Man teilt uns mit, _____.

7. „In unserer Familie raucht niemand."
   Annegret und Karl sagen, _____.

8. „Wie sagt man *Computer* auf Deutsch?"
   Eine amerikanische Freundin fragt, _____.

9. „Gerhard hat die Rechnung noch nicht bezahlt."
   Michaels Freunde sagen, _____.

10. „Welche Telefonnummer hat die Firma Intercomp?"
    Ich frage die Auskunft, _____.

Am Telefon

Firma Intercomp, Guten Tag!
Hier Seibold.
Hier spricht Seibold! Herrn Emmerich bitte.
Am Apparat!

Guten Tag! Ist dort die Firma Intercomp?
Ich möchte gern mit Frau Spohn sprechen.

Mit wem möchten Sie sprechen?
Kann ich bitte mit Herrn Küssel sprechen?

Wer spricht, bitte?
Hier ist Ulrich Lempert.

Tut mir leid, die Leitung ist besetzt.
Bitte bleiben Sie am Apparat.
Einen Moment bitte, ich verbinde.

Herr Geller, ein Anruf für Sie.
Ein Anruf für Sie auf Leitung 3.

Herr Geller ist nicht im Hause.
Wann kommt er wieder?
Wollen Sie eine Nachricht hinterlassen?
Können Sie das bitte wiederholen?

Bitte sagen Sie ihm, daß ich um 10 Uhr im Büro bin.
Ich sage ihm, daß Sie angerufen haben.

Vielen Dank für Ihren Anruf!
Auf Wiederhören!

Das ist …
- der Anruf   – das Datum
   Apparat
   Kalender
   Termin

- die Besprechung
   Leitung
   Nachricht

Wer ist das?
- der Kollege / die Kollegin
- der Angestellte / die Angestellte
- die Geschäftsleute

Wo sind Sie gewesen?
- ich bin   gegangen
  Sie sind   gekommen
  er/sie ist   gefahren
  wir sind   abgeflogen
  sie sind   angekommen

Wann sind Sie ins Büro gegangen?
- Ich bin um 8 Uhr ins Büro gegangen.

Haben Sie den Termin abgesagt?
- Ja, ich habe ihn abgesagt.

Was sagt er?
- Er sagt, daß er nach Florenz fliegt.
         daß er Kunden in Italien hat

Was fragt sie?
- Sie fragt, was er in Florenz macht.
        ob er viel unterwegs ist

Was möchten Sie wissen?
- Ich möchte wissen,
   wieviel Uhr es ist.
   ob der Zug abfährt

Ausdrücke:
Bei was für einer Firma arbeiten Sie?
Sind Sie unterwegs gewesen?
Ja, aber nur geschäftlich.
Am wievielten fahren Sie nach Oslo?
Wie lange sind Sie geblieben?
Nur eine Woche.
Es gibt dort viel zu sehen.
Es tut mir sehr leid, aber ich muß
unseren Termin für morgen absagen.
Wann paßt es Ihnen?
Wie wär's mit Samstag abend?
Sagen wir um 19 Uhr?
19 Uhr ist ausgezeichnet.
Bis Samstag also.
Schön.
Wunderbar.

KAPITEL

11

KANN ICH IHNEN ETWAS ZEIGEN?

Anita Bauer hat heute morgen in einem Schaufenster[1] ein modisches Kostüm gesehen, das ihr gut gefallen hat. Nach der Arbeit geht sie in das Geschäft.

Verkäuferin: Guten Abend! Kann ich Ihnen etwas zeigen?

Anita: Ja. In Ihrem Fenster liegen zwei Kostüme. Kann ich bitte das blaue sehen?

Verkäuferin: Aber natürlich. Einen Moment bitte!

  (Die Verkäuferin bringt das Kostüm.)

Verkäuferin: So … Hier, bitte. Es ist wirklich sehr elegant.

Anita: Und wie teuer ist es?

Verkäuferin: 150 DM.

Anita: Sagen Sie, woraus ist das Kostüm?

Verkäuferin: Aus Wolle. Gefällt es Ihnen?

---

[1] *Schaufenster = das Fenster in einem Geschäft*

Anita: Sehr, aber ich finde, der Rock ist vielleicht etwas[2] zu kurz fürs[3] Büro.

Verkäuferin: Aber nein. Das ist die neue Mode. Man trägt heute wieder kurz. Aber ich kann Ihnen auch ein Kostüm mit einem Rock zeigen, der etwas länger ist.

Anita: Hm ... Ich weiß nicht ... Ich glaube, ich komme morgen noch einmal. Ich möchte das Kostüm lieber einer Freundin zeigen und sehen, was sie davon hält. Haben Sie vielen Dank!

Verkäuferin: Gern geschehen.

---

[2] *etwas = ein bißchen*

[3] *fürs = für das*

ÜBUNG 67

1. Wann hat Anita Bauer das Kostüm gesehen?

2. Wann geht sie in das Geschäft?

3. Welches Kostüm möchte sie sehen?

4. Und woraus ist es?

5. Wie findet die Verkäuferin das Kostüm?

6. Welche Röcke sind jetzt modern?

7. Was möchte ihr die Verkäuferin noch zeigen?

8. Warum kauft Anita das Kostüm heute nicht?

ÜBUNG 68

Beispiele: Diese Bluse ist nicht **aus Baumwolle**.
Woraus ist sie?

Das Flugzeug kommt nicht **aus Moskau**.
Woher kommt es?

1. Eva will nicht **in den Schwarzwald** fahren.

2. Lemperts haben im Restaurant nicht **um die Speisekarte** gebeten.

3. Becks Bier kommt nicht **aus München**.

4. Meine Kollegin fährt nie **mit dem Fahrrad** in die Stadt.

5. Diese Fahrkarten sind nicht **für den Bus**.

6. Erika hat nicht **auf den Zug** gewartet.

7. Herr Schneider ist nach der Arbeit nicht direkt **nach Hause** gegangen.

8. Diese Kleider sind nicht **aus Paris**.

9. Der Kunde hat nicht **mit Kreditkarte** bezahlt.

10. Man hat den Kellner nicht **nach der Quittung** gefragt.

Elke trägt einen Rock. Er ist aus Seide.
→ Sie trägt **einen Rock**, <u>**der**</u> aus Seide ist.

Wer ist **die Frau**, <u>**die**</u> nach dem Kostüm fragt?
Nehmen Sie **das Geld**, <u>**das**</u> auf dem Tisch liegt.
Sehen Sie **die Hemden**, <u>**die**</u> 50 DM kosten?

Inge nimmt <u>**den Kalender**</u>, <u>**der**</u> auf meinem Tisch liegt.
Wir sprechen mit <u>**der Verkäuferin**</u>, <u>**die**</u> uns das Kleid gezeigt hat.
Geben Sie Ihre Karte <u>**dem Kollegen**</u>, <u>**der**</u> in meinem Büro sitzt.

ÜBUNG 69

Beispiel: Fragen Sie den Mann. Er sitzt dort am Schalter.
Fragen Sie den Mann, der dort am Schalter sitzt.

1. Bitte, zeigen Sie mir den blauen Anzug. Er hängt dort hinten.

2. Möchten Sie die sportlichen Kleider sehen? Sie liegen im Schaufenster.

3. Michael kennt einen Kellner. Er arbeitet im Restaurant Tokio.

4. Ich habe italienische Hemden gekauft. Sie waren sehr teuer.

5. Fährt Frau Körner nie mit dem Auto? Es steht immer vor ihrem Haus.

6. Wo ist der Verkäufer? Er hat uns die neuen Computer gezeigt.

7. Wir nehmen den Bus. Er fährt immer vor unserem Haus ab.

8. Dort steht die Kundin. Sie hat gestern drei Blusen gekauft.

ÜBUNG 70

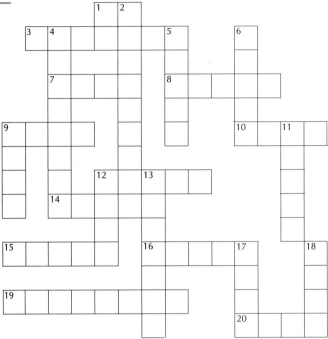

Waagrecht →

1. Ich weiß nicht, _____ er kommt oder nicht.
3. große Stadt in Deutschland
7. Lesen Sie eine Zeitung oder ein _____?
8. Männer tragen keine Röcke, sondern _____.
9. Das ist Michaels Haus. Es ist _____ Haus.
10. Die Krawatte liegt _____!
12. am Morgen, am Mittag, am _____
14. Der Parkplatz ist nicht in dem Hotel, er ist _____ dem Hotel.
15. nicht billig, sondern _____
16. nicht rechts, sondern _____
19. Wenn man eine Rechnung bezahlt, bekommt man eine _____.
20. Haben Sie heute _____?

Senkrecht ↓

1. Er will wissen, _____ ich alles verstanden habe.
2. „Z" ist der letzte _____.
4. Sonntags muß man nicht _____.
5. Ich will lieber zu Fuß _____.
6. Gabi trägt keinen Anzug, sie trägt ein _____.
9. Ich höre die Kassette, aber ich _____ das Bild.
11. Fluß in Deutschland
12. Klaus ist Deutscher, _____ er wohnt nicht in Deutschland.
13. London ist eine große Stadt in _____.
17. kein Wort, sondern ein _____
18. viele Farben

EIN NEUES KOSTÜM

Anita will ihrer Freundin Jutta das blaue Kostüm zeigen, das sie gestern im Schaufenster der Boutique Pierre gesehen hat. Im Laden spricht sie mit der Verkäuferin.

Anita:	Kann ich bitte noch einmal das Kostüm sehen, das Sie mir gestern gezeigt haben?
Verkäuferin:	Ah, das Kostüm im Sonderangebot … Einen Moment bitte! Ich bringe es Ihnen. Hier! Wollen Sie es einmal anprobieren?
Anita:	Ja, bitte. Ich möchte sehen, ob es mir paßt.

Anita nimmt das Kostüm und geht in die Umkleidekabine. Dann spricht die Verkäuferin mit Jutta.

Verkäuferin:	Möchten Sie vielleicht auch etwas sehen?
Jutta:	Ja, warum nicht? Diese Bluse hier, haben Sie die auch in Grün?
Verkäuferin:	In Grün leider nicht. Wie wär's mit Grau?
Jutta:	Grau finde ich auch gut. Ich trage Größe 40.

Verkäuferin: Es tut mir leid, aber Größe 40 in Grau haben wir im Moment auch nicht. Schwarz vielleicht?

Jutta: Nein, Schwarz gefällt mir nicht.

(Anita kommt zurück.)

Anita: Nun, Jutta, wie steht es mir?

Jutta: Fabelhaft![1] Die Farbe des Kostüms gefällt mir gut, und es ist sehr elegant.

Anita: Ist es nicht ein bißchen zu kurz?

Jutta: Das finde ich nicht. Viele Kolleginnen tragen Kleider, die kürzer sind.

Anita: Also, dann nehme ich es.

Verkäuferin: Gut, ich packe es Ihnen ein.

[1] *fabelhaft = ausgezeichnet*

ÜBUNG 71

1. Wer ist Jutta?

2. Was hat die Verkäuferin Anita gestern gezeigt?

3. Wo probiert Anita das Kostüm an?

4. Warum kann Jutta keine graue Bluse anprobieren?

5. Welche Farbe gefällt ihr besser, Schwarz oder Grau?

6. Was tut die Verkäuferin, nachdem Anita das Kostüm gekauft hat?

der Direktor		das Büro **des** Direktor**s**
die Firma		der Name **der** Firma
das Auto	⇨	der Preis **des** Auto**s**
die Blusen		die Größe **der** Blusen

mein Pullover		die Farbe mein**es** Pullover**s**
dieser Kollege	⇨	der Anzug dies**es** Kolleg**en**
der Herr		die Schuhe d**es** Herr**n**

Ich frage nach dem Preis **eines Computers.**
Das Jackett **des Mannes** gefällt mir nicht.
Der Vorname **dieser Frau** ist Gisela.
Die Wohnung **meiner Freunde** ist in der Talstraße.

 Das ist Brigitte, und das ist ihr Freund.
→ Brigitte**s** Freund wohnt in Koblenz.

ÜBUNG 72

Beispiele: Im Kalender **der Kollegin** stehen viele Termine. *(die Kollegin)*

Wie heißt der Direktor **Ihrer Firma** ? *(Ihre Firma)*

1. Gestern sind wir in die Wohnung _____ gefahren. *(unser Sohn)*

2. Ist Karl-Heinz ein Freund _____ gewesen? *(die Sekretärin)*

3. Ich verstehe die Sprache _____ nicht. *(diese Geschäftsleute)*

4. Haben Sie nicht die Nachricht _____ bekommen? *(der Kunde)*

5. Einige Angestellte _____ haben heute bis 18 Uhr gearbeitet. *(unsere Bank)*

6. Ist Herr Böhm am 13. _____ nach Stockholm geflogen? *(dieser Monat)*

7. Erika muß die Verkäuferin nach dem Preis _____ fragen. *(die Handschuhe)*

8. Können Sie mir die Größe _____ sagen? *(diese Blusen)*

9. Die Farbe _____ gefällt meiner Frau gut. *(mein Anzug)*

10. Frau Anders kann die Adresse _____ nicht finden. *(der Buchladen)*

Einkäufe machen

Kann ich Ihnen helfen?
Was kann ich Ihnen zeigen?

Wieviel kostet dieses Hemd?
Haben Sie auch andere?

Wo gibt es hier Herrenanzüge?
Haben Sie auch Lederhandschuhe?
Können Sie mir ein paar Jacken zeigen?

Welche Größe haben Sie, bitte?
Haben Sie diese Hose auch in Größe 50?
Wo kann ich sie einmal anprobieren?

Die paßt mir nicht.
Die ist mir zu groß.

Wie steht mir der Anzug?
Er steht Ihnen ausgezeichnet.
Gut. Ich nehme ihn.
Bitte packen Sie ihn ein.

Bitte bezahlen Sie dort hinten!
Nehmen Sie auch Kreditkarten?
Hier ist Ihre Quittung. Vielen Dank!

Das ist ...
– der Anzug — das Hemd
  Handschuh   Kleid
  Pullover   Kostüm
  Rock   Schaufenster
  Schuh   Sonderangebot

– die Baumwolle
  Bluse
  Boutique
  Größe
  Hose
  Krawatte
  Mode
  Seide
  Umkleidekabine
  Wolle

Wer ist das?
– der Verkäufer / die Verkäuferin

Woraus ist diese Bluse?
– aus Seide

Woher kommt der Zug?
– aus München

Wohin fährt er?
– nach Hamburg

Womit fahren Sie in die Stadt?
– mit dem Auto

Wonach fragen Sie?
– nach der Speisekarte

Worauf warten Sie?
– auf den Bus

Wo ist der Pullover, der aus Wolle ist?
– Der Pullover, der aus Wolle ist, liegt
  auf dem Stuhl.

Wer ist die Frau, die nach der Bluse fragt?
– Die Frau, die nach der Bluse fragt,
  ist eine Kollegin.

Wieviel kostet das Hemd, das Gerd kauft?
– Das Hemd, das Gerd kauft, kostet
  50 DM.

Wem geben Sie den Schlüssel?
– dem Kollegen,   der dort kommt
  der Frau,   die ...
  dem Mädchen,   das ...

Das ist ...	Was ist das?
der Anzug	der Preis des Anzugs
die Firma	der Name der Firma
das Fahrrad	die Farbe des Fahrrads
ein Auto	der Preis eines Autos
diese Frau	das Kleid dieser Frau

Das sind ...	Was sind das?
die Hemden	die Größen der Hemden
meine Freunde	die Autos meiner Freunde

Ausdrücke:
Kann ich bitte das Kostüm sehen?
Einen Moment bitte.
Ich bringe es Ihnen.
Gefällt es Ihnen?
Wollen Sie es einmal anprobieren?
Ja, warum nicht.
Ich komme morgen noch einmal.
Ich trage Größe 40.
Schwarz gefällt mir nicht.
Sehr elegant, wirklich.
Das finde ich nicht.
Haben Sie vielen Dank!

KAPITEL

12

Eberhard Kramer ist zwei Wochen mit seiner Familie in Portugal gewesen.
Am Montag morgen kommt er wieder zur Arbeit.

Herr Kramer: Schönen guten Morgen, Frau Hansen!

Frau Hansen: Guten Morgen, Herr Kramer! Wie war's in Portugal?

Herr Kramer: Ausgezeichnet! ... Und wie war es hier?

Frau Hansen: Wir haben viel zu tun gehabt.

Frau Hansen ist schon seit vier Jahren Herrn Kramers Sekretärin. Sie öffnet
seine Post, schreibt seine Briefe, telefoniert und macht seine Termine.

Frau Hansen: Also, Herr Becker hat vor 10 Minuten angerufen. Er will
um 10 Uhr vorbeikommen und mit Ihnen sprechen.

Herr Kramer: Ich rufe ihn gleich an. Ach ja: Wir brauchen die Preise
für die Datacom-Computer.

Frau Hansen: Ich habe gestern mit Frau Franke von Datacom
gesprochen. Sie schickt sie uns morgen. Noch etwas:
Herr Henschel hat eine Nachricht für Sie hinterlassen.
Um 15.30 Uhr sollen Sie an einer Besprechung mit Herrn
Shindo teilnehmen. Aber Sie haben schon einen Termin
um 15.15 Uhr.

Herr Kramer: Herr Shindo ist ein wichtiger Kunde! Ich muß zu dieser
Besprechung gehen!

Frau Hansen: Dann verschiebe ich den anderen Termin auf 14 Uhr.

Was für ein Tag! Herr Kramer geht in sein Büro zu seinem Schreibtisch. Da klingelt
das Telefon.

Herr Kramer: Ja, Frau Hansen?

Frau Hansen: Herr Becker ist am Apparat. Ich verbinde …

ÜBUNG 73

1. In welchem Land sind Kramers gewesen?

2. Wie lange sind sie dort gewesen?

3. Wann kommt Herr Kramer wieder in die Firma?

4. Wer ist Frau Hansen?

5. Was hat die Firma Datacom noch nicht geschickt?

6. Wo arbeitet Frau Franke?

7. Warum muß Herr Kramer an der Besprechung mit Herrn Shindo teilnehmen?

8. Welchen Termin muß die Sekretärin verschieben?

Er geht **zur** Bank.

Er geht **in die** Bank.

Günter geht *zu dem* Kiosk.   **zum** Kiosk

        zu der Post ⟹ **zur** Post

        zu den Kollegen   **zu den** Kollegen

ÜBUNG 74 – *Zu, zum* oder *zur?*

Beispiel: Um 7 Uhr muß ich __*zum*__ Bahnhof fahren.

1. Robert kann morgen _____ Bank gehen, weil er nicht arbeiten muß.

2. Entschuldigung! Wissen Sie, wie man von hier _____ Parkstraße kommt?

3. Gerd und Olaf brauchen nicht _____ den Besprechungen in Köln zu fahren.

4. Ich habe Hunger. Warum fahren wir nicht _____ Restaurant Kaiserhof?

5. Der Direktor hat gesagt, daß er ein Taxi _____ Flughafen nimmt.

6. Wann ist Gabi _____ Firma Datacom nach Hamburg geflogen?

7. Herr Bogner hat seine Frau _____ U-Bahnhaltestelle gebracht.

8. Wie komme ich am besten von hier _____ den Büros der Firma Schenk?

ÜBUNG 75

Beispiel: Wir fliegen __am__ 15. März nach Mexiko.

        a) im   **b) am**   c) um

1. Können Sie mich bitte _____ der Firma Conrad verbinden?

        a) an   b) zu   c) mit

2. Gestern bin ich nicht ausgegangen. Ich bin _____ Hause geblieben.

        a) zum   b) zur   c) zu

3. Ich muß noch einen Kunden anrufen, bevor ich _____ Hause gehe.

        a) zu   b) nach   c) im

4. Warum haben Frau Geller und ihr Kollege am Mittwoch nicht _____ Geschäftsessen teilgenommen?

        a) bei den   b) am   c) zum

5. Gerbers wohnen schon _____ 5 Jahren in Frankfurt.

        a) seit   b) für   c) vor

6. Sagen Sie bitte Herrn Duval, daß ich _____ 3 und 4 Uhr zu ihm ins Büro komme.

        a) nach   b) von   c) zwischen

7. Jochen will wissen, ob Karla Lust hat, _____ Kino zu gehen.

        a) nach   b) ins   c) zu

8. Wissen Sie, wie man *danke* _____ englisch sagt?

        a) auf   b) in   c) im

> Ich **brauche** Schuhgröße 42.
> **Brauchen** Sie einen Terminkalender?
> Jörg **braucht** eine Stunde ins Büro.

> Morgen brauchen wir nicht ins Büro **zu** gehen.
> Sie brauchen den Flugschein nicht bar **zu** bezahlen.
> Ich brauche zu Hause keine Krawatte **zu** tragen.

ÜBUNG 76

Beispiele: Unsere Maschine fliegt zwei Stunden nach Berlin.
  Unsere Maschine <u>braucht</u> zwei Stunden nach Berlin.

  Sonntags müssen wir nicht arbeiten.
  Sonntags <u>brauchen</u> wir nicht <u>zu</u> <u>arbeiten</u>.

1. In diesem Restaurant muß man nicht lange auf den Kellner warten.

2. Möchten Sie eine Quittung haben?

3. Wir müssen einen Stadtplan haben, wenn wir nach Athen fahren.

4. Vera muß nicht mehr den Bus nehmen, weil sie ein Auto hat.

5. Was müssen Sie haben, wenn Sie nach China fliegen wollen?

6. Ich muß keine modische Kleidung tragen, wenn ich hier arbeite.

7. Fährt man von Frankfurt nach Paris mehr als 4 Stunden mit dem Auto?

8. Wenn Sie Herrn Schäfer anrufen wollen, müssen Sie keine Vorwahl wählen.

GEHEN WIR HEUTE ABEND AUS?

Es ist schon 19.30 Uhr, und außer Klaus Huber ist niemand mehr im Büro. Er war bis 19 Uhr in einer langen Besprechung, und jetzt hat er großen Hunger. Bevor er aus dem Büro geht, ruft er seine Frau an.

Ulrike: Ulrike Huber!

Klaus: Ich bin's, Klaus! Wie wär's mit einem guten Abendessen in der Bürgerstube?

Ulrike: Oh ja, prima! Dort gibt es doch die ausgezeichneten Maultaschen.

Klaus: Aber leider kann ich noch nicht kommen. Ich habe noch ungefähr eine Stunde im Büro zu tun.

Ulrike: Na gut, ich kann ja schon einen Tisch reservieren. Sagen wir um 9 Uhr?

Klaus: Gut, um 9 Uhr in der Bürgerstube.

(Klaus kommt um Viertel nach 9 im Restaurant an.)

Klaus: Tut mir leid, aber ein Kunde aus Kanada hat noch angerufen ...

Ulrike: Das macht nichts. Ich habe schon einen Wein bestellt.

(Der Kellner kommt mit dem Wein und der Speisekarte.)

Kellner: Darf ich Ihnen etwas zu trinken bringen?

Klaus: Ja, ich hätte gern ein Bier.

(Etwas später bringt der Kellner das Bier.)

Kellner: Hier, bitte, Ihr Bier … Was kann ich Ihnen zu essen bringen?

Ulrike: Ich nehme einen Salat und dann Maultaschen. Die sind hier wunderbar.

Kellner: Oh … vielen Dank! Maultaschen sind unsere Spezialität. Und für den Herrn?

Klaus: Was können Sie heute empfehlen?

Kellner: Wir haben eine sehr gute Gemüsesuppe. Als Hauptgericht haben wir Sauerbraten mit Spätzle, eine andere Spezialität des Hauses.

Klaus: Gut, das nehme ich.

ÜBUNG 77

1. Warum hat Klaus großen Hunger?

2. Wohin wollen Klaus und seine Frau zum Essen gehen?

3. Warum geht Ulrike gern in dieses Restaurant?

4. Warum kommt Klaus um Viertel nach 9 und nicht um 9 Uhr ins Restaurant?

5. Was hat Ulrike zum Trinken bestellt?

6. Was sind die Spezialitäten des Restaurants?

ÜBUNG 78

Beispiel: Sie __*müssen*__ hier geradeaus fahren.

 1. Man _____ hier nicht mit dem Zug fahren.

 2. Hier _____ man nicht mit seinem Auto fahren.

 3. Man _____ hier mit dem Fahrrad fahren.

 4. Hier _____ Sie bezahlen.

 5. Man _____ hier nur nachts parken.

 6. Sie _____ hier nicht links fahren.

 7. Hier _____ man seinen Paß zeigen.

 8. Man _____ hier nicht rauchen.

SCHON • IMMER NOCH • NICHT MEHR • NOCH NICHT

ÜBUNG 79

Beispiel: Ich kann Sie nicht anrufen, weil Sie mir Ihre neue Telefonnummer
___**noch nicht**___ gegeben haben.

1. Waren Sie _____ einmal in Australien?

2. Ich habe großen Hunger. Ich habe _____ zu Mittag gegessen.

3. Wir müssen jetzt gehen. Der Film fängt um acht Uhr an, und es ist _____ halb acht.

4. Ich kann Sie leider nicht mit Herrn Kruse verbinden. Er ist seit 10 Uhr _____ im Hause.

5. Ich bin sicher, daß Andreas keine neue Adresse hat. Er wohnt _____ in seiner alten Wohnung.

6. Frau Lohmann arbeitet _____ hier. Sie hat vor fünf Monaten bei uns aufgehört.

7. Günter ruft den Kellner, weil er _____ keine Speisekarte hat.

8. Ich muß meine Frau anrufen! Sie weiß _____, daß heute abend ein Kollege zum Essen kommt.

9. Haben Sie die Telefonrechnung _____ bezahlt? Ja, hier ist die Quittung.

10. Man hat mir das Computerprogramm schon zweimal erklärt, aber ich habe es immer _____ verstanden.

ÜBUNG 80

Beispiel: Ich esse am **_liebsten_** Fisch mit Pommes frites.

      a) gern   **b) liebsten**   c) lieber

1. Jutta hat keine _____, nach der Arbeit noch in ein Restaurant zu gehen.

    a) Appetit   b) Spaß   c) Lust

2. Es _____ mir leid, Herr Bertram ist heute nicht im Hause. Aber morgen ist er wieder da.

    a) macht   b) tut   c) gibt

3. Frau Schaar hat ein Paar Schuhe _____ Sonderangebot gekauft.

    a) im   b) vom   c) auf dem

4. Was _____ Sie von der neuen Krawatte, die ich gestern bekommen habe?

    a) finden   b) halten   c) gefallen

5. Es ist gut, daß Herr Huber an unserer Besprechung teilnimmt. Ich muß ihm noch ein paar Fragen _____.

    a) fragen   b) geben   c) stellen

6. Christiane kann diese Woche keine Italienischstunden _____, weil sie jeden Tag bis 20 Uhr arbeiten muß.

    a) lernen   b) nehmen   c) haben

7. „Herr Henschel kann am Dienstag nicht vorbeikommen!"
– „Schade! _____ es vielleicht am Mittwoch?"

    a) Geht   b) Kann   c) Kommt

8. Ich habe heute Appetit _____ Spaghetti. Warum gehen wir nicht zum Italiener in der Bahnhofstraße?

    a) für   b) zu   c) auf

Das ist …
– die Spezialität

– das Abendessen
  Hauptgericht

Wohin gehen Sie?
– in den Park   – zum Park
  in die Schule   zur Schule
  ins Büro   zum Büro

Müssen Sie morgen arbeiten?
– Nein, morgen brauche ich nicht
  zu arbeiten.

Welche Schuhgröße brauchen Sie?
– Ich brauche Schuhgröße 40.

Wie lange braucht man bis in die Stadt?
– Man braucht 10 Minuten.

Darf man hier mit seinem Auto fahren?
– Nein, hier darf man nicht mit
  seinem Auto fahren.

Muß ich hier meinen Paß zeigen?
– Ja, hier muß ich meinen Paß zeigen.

Haben Sie schon gegessen?
– Nein, ich habe noch nicht gegessen.

Ist Peter immer noch in Frankfurt?
– Nein, er ist nicht mehr in Frankfurt.

Was essen Sie gern / lieber / am liebsten?
– Ich esse gern Suppe.
         lieber Steak
         am liebsten Fisch

Ausdrücke:
Wir haben viel zu tun gehabt.
Ich rufe gleich an.
Nehmen Sie an der Besprechung teil?
Ich bin's, Klaus!
Wie wär's mit einem guten
  Abendessen in der Bürgerstube?
Oh ja, prima!
Das macht nichts.
Darf ich Ihnen etwas zu trinken
  bringen?
Was kann ich Ihnen zu essen
  bringen?
Was können Sie heute empfehlen?
Ich habe keinen Appetit auf Suppe.

SCHREIBÜBUNGEN

Kapitel 7   Schreiben Sie 6 – 8 Sätze über die Schule.

Wörter:

gehen	bleiben	um … Uhr
zu Fuß	sprechen über	nach Hause
Klassenzimmer	auf deutsch	Übungen

Kapitel 8   Sie sind am Flughafen, weil sie nach Paris fliegen wollen. (5 – 8 Sätze)

Wörter:

Schalter	erklären	Ausweis
Frau	können	Bordkarte
fragen, wo…	alles	abfliegen

Kapitel 9   A. Was essen Sie gern zum Frühstück? (6 – 8 Sätze)

Wörter:

frühstücken	Brötchen	Tasse Kaffee
normalerweise	gern	lieber
Appetit haben auf	Ei	Orangensaft

   B. Sie waren mit einem/r Freund/in im Restaurant. (6 – 8 Sätze).

Wörter:

Kellnerin	besonders	Nachtisch
Speisekarte	Suppe	geschmeckt
empfehlen	bestellen	ausgezeichnet

Kapitel 10   A.   Was tun Sie im Büro? (6 – 8 Sätze)

Wörter:

Terminkalender	Zeit haben	Besprechung
Kunden	besuchen	(Monat) z.B. Mai
sagen, daß	später	teilnehmen

B.   Sie möchten eine Firma anrufen, aber Sie wissen die Telefonnummer nicht. (6 – 8 Sätze)

Wörter:

Gelbe Seiten	nicht finden	besetzt
suchen	anrufen	fragen nach
lange	Auskunft	Vorwahl

Kapitel 11   A.   Welche Kleidung tragen Sie wo? (6 – 8 Sätze)

Wörter:

zu Hause	im Büro	Theater
anziehen	tragen	elegant
bunt	modisch	einfarbig

B.   Sie haben etwas zum Anziehen gekauft. (6 – 8 Sätze)

Wörter:

Schaufenster	gestreift	anprobiert
Sonderangebot	sportlich	nicht gepaßt
Hose	Umkleidekabine	nicht in Größe …

Kapitel 12 A. Was machen Sie am Wochenende? (5 – 8 Sätze)

Wörter:

wegfahren	am liebsten	beschäftigt
samstags/sonntags	Einkäufe machen	ausgehen
zu Hause bleiben	in die Stadt	selten

B. Schreiben Sie viele Briefe? Bekommen Sie viel Post? (5 – 7 Sätze)

Wörter:

schicken	von	Postkarten
Postamt	bekommen	Briefmarken
an	Anschrift	öffnen

LÖSUNGSSCHLÜSSEL

Übung 1 1. Ja, sie ist aus Österreich. 2. Nein, sie ist nicht aus Wien. 3. Ja, sie ist aus Salzburg. 4. Herr Schulte ist aus Deutschland. 5. Ja, er ist aus Frankreich. 6. Er ist aus Paris. 7. Frau Luengo ist aus Madrid. 8. Nein, sie ist nicht aus Frankreich. 9. Frau Streiff ist aus der Schweiz. 10. Herr Schulte ist aus Berlin.

Übung 2 1. Nein, Köln ist nicht in Spanien. 2. Nein, New York ist kein Land. 3. Nein, die Schweiz ist keine Stadt. 4. Nein, Moskau ist nicht in China. 5. Nein, Schweden ist keine Stadt. 6. Nein, Düsseldorf ist kein Land. 7. Nein, Irland ist keine Stadt. 8. Nein, Frankfurt ist nicht in Österreich. 9. Nein, Heidelberg ist nicht in Portugal. 10. Nein, Bern ist kein Land. 11. Nein, Japan ist nicht in Europa. 12. Nein, Frankreich ist kein Land in Asien.

Übung 3 A. 1. Ist Luxemburg ein Land? 2. Ist Frau Maas aus Holland? 3. Ist Moskau ein Land? 4. Ist Japan eine Stadt? 5. Ist Frau Tuccini aus Deutschland? 6. Ist Frau Carter aus England? 7. Ist Herr Hintz aus Frankfurt? 8. Ist Israel eine Stadt? 9. Ist Polen ein Land? 10. Ist Herr Rösner aus Zürich?

B. 1. Wo ist Rom? 2. Woher ist Frau Meisel? 3. Wer ist das? 4. Wo ist Herr Maas? 5. Welche Stadt ist das? 6. Welches Land ist das? 7. Wo ist Prag? 8. Was ist Frankreich? 9. Woher ist Herr Künzli? 10. Was ist Tokio?

Übung 4 1. in 2. Sie 3. sie 4. aus 5. Sind 6. bin 7. Woher 8. auch 9. kein 10. aber

Übung 5 A. 1. elf 2. fünfzehn 3. sechs 4. null 5. neunzehn 6. zwei 7. zwanzig 8. vier

B. 1. 14 2. 9 3. 12 4. 3 5. 8 6. 16 7. 10 8. 17

Übung 6 1. Das ist eine Zeitschrift. Die Zeitschrift ist grün. 2. Das ist eine Straßenbahn. Die Straßenbahn ist blau. 3. Das ist ein Hund. Der Hund ist klein. 4. Das ist ein Land. Das Land ist groß. 5. Das ist eine Kassette. Die Kassette ist weiß. 6. Das ist eine Brille. Die Brille ist schwarz. 7. Das ist ein Flugzeug. Das Flugzeug ist groß. 8. Das ist ein Tisch. Der Tisch ist grau. 9. Das ist eine Stadt. Die Stadt ist klein. 10. Das ist ein Zug. Der Zug ist groß. 11. Das ist eine Tür. Die Tür ist braun. 12. Das ist eine Zeitung. Die Zeitung ist weiß.

Übung 7 1. Nein, er ist nicht grün. 2. Sie ist grau. 3. Sie ist groß. 4. Ja, sie ist klein. 5. Er ist weiß. 6. Nein, sie ist nicht gelb und grün. 7. Es ist klein. 8. Ja, es ist groß. 9. Nein, er ist nicht blau und weiß. 10. Sie ist schwarz und weiß.

Übung 8   1. Welche ... 2. Diese ... 3. ... weiße ... 4. Welches ... 5. ... kleine ... 6. Welcher ... 7. Dieser große ... 8. Welcher ..., ... große ... kleine

Übung 9   1. steht 2. liegt 3. sitzt 4. liegt 5. steht 6. hängt 7. liegt 8. hängt

Übung 10   1. auf dem 2. unter dem 3. an der 4. vor der 5. auf dem 6. in der 7. am 8. im 9. hinter der 10. am

Übung 11   1. Keine Zigarette ist in der Schachtel. 2. Er steht nicht im Korridor. 3. Das ist nicht der Zug aus Rom. 4. Es liegt nicht unter dem Buch. 5. München ist kein Land. 6. Keine Katze sitzt am Fenster. 7. Das ist nicht die Übung 1. 8. Sie hängt nicht an der Tür. 9. Das ist keine Zeitschrift aus der Schweiz. 10. Kein Hund liegt hinter dem Sofa.

Übung 12   1. i 2. h 3. g 4. a 5. j 6. k 7. c 8. b 9. e 10. d

Übung 13   1. Ja, sie spricht sehr gut Englisch. 2. Herr Gessler spricht sehr gut Italienisch. 3. Herr Hagen spricht ein bißchen Spanisch. 4. Herr Hagen spricht gut Italienisch. 5. Frau Berger spricht kein Italienisch. 6. Nein, Herr Gessler spricht kein Spanisch. 7. Herr Hagen spricht sehr gut Englisch. 8. Herr Gessler spricht Englisch, Französisch und Italienisch.

Übung 14   1. Nein, ich spreche nicht mit ihr. 2. Ja, sie sitzt hinter Ihnen. 3. Ja, er spricht mit mir. 4. Nein, Sie sprechen nicht mit ihm. 5. Nein, ich sitze nicht vor ihr. 6. Ja, Sie sprechen mit mir.

Übung 15   1. Ich öffne die Flasche Wein. Bitte, öffnen Sie die Flasche Wein! 2. Trinken Sie gern Tee? Wer trinkt gern Tee? 3. Schließt Uwe das Fenster? Bitte, schließen Sie das Fenster! 4. Was macht Georg jetzt? Und was mache ich? 5. Ursula trinkt Kaffee mit Milch und Zucker. Ich trinke Kaffee mit Milch und Zucker. 6. Michael nimmt nicht den Bus. Sie nehmen nicht den Bus. 7. Bitte, schließen Sie die Schublade! Ich schließe die Schublade. 8. Der Lehrer nimmt die Jacke und den Schlüssel. Ich nehme die Jacke und den Schlüssel.

Übung 16   1. c. am 2. b. im 3. c. diese 4. a. gern 5. b. vom 6. c. steht 7. a. dem 8. b. Ihnen 9. a. ungefähr 10. c. Welcher

Übung 17   1. sein 2. Ihr 3. meine 4. ihre 5. sein

Übung 18   1. Nein, sie schließt es nicht. 2. Ja, sie nimmt es aus der Tasche. 3. Nein, er hat ihn nicht. 4. Nein, sie nimmt ihn nicht mit Milch. 5. Ja, er öffnet sie. 6. Nein, sie sieht sie nicht auf dem Bild. 7. Ja, er hat

Übung 18 *(Fortsetzung)*	ihn in der Hand. 8. Nein, er sieht sie nicht. 9. Ja, er sieht sie. 10. Ja, sie trinkt ihn mit Zucker.
Übung 19	1. Ja, etwas liegt auf dem Stuhl. 2. Ja, ich sehe etwas auf dem Boden. 3. Nichts hängt neben dem Bild. 4. Ja, etwas hängt an der Wand. 5. Nichts liegt im Karton. 6. Nein, niemand sitzt auf dem Boden. 7. Ja, jemand steht am Tisch. 8. Ja, etwas steht neben dem Fenster.
Übung 20	1. ein**e** 2. kein 3. sein**en** 4. ihr**en** 5. mein 6. ein … ein**e**
Übung 21	1. Es ist Viertel vor acht. 2. Es ist fünf nach halb neun. 3. Es ist halb vier. 4. Es ist Viertel nach eins. 5. Es ist zehn nach elf. 6. Es ist zwanzig nach fünf. 7. Es ist fünf vor vier. 8. Es ist fünf vor halb eins.
Übung 22	1. Berlitz ist von 9.00 bis 21.15 Uhr geöffnet. 2. Das Restaurant öffnet um 11.30 Uhr. 3. Sie öffnet um 8.30 Uhr. 4. Das Büro und das Museum sind um 13 Uhr geschlossen. 5. Es öffnet nachmittags. 6. Sie ist bis 16 Uhr geöffnet. 7. Das Büro öffnet um 8 Uhr. 8. Das Büro ist abends geschlossen. 9. Berlitz schließt um 21.15 Uhr. 10. Es ist um 17 Uhr geschlossen.
Übung 23	1. Sie spricht mit Herrn Huber und schließt das Fenster. 2. Sie nimmt ihr Portemonnaie aus der Handtasche. 3. Herr Huber nimmt seinen Schlüssel aus der Schublade. 4. Sie nehmen die U-Bahn.
Übung 24	1. der Schreibtisch, die Schreibtische 2. die Kassette, die Kassetten 3. der Schüler, die Schüler 4. das Land, die Länder 5. das Buch, die Bücher 6. der Bleistift, die Bleistifte 7. die Straße, die Straßen 8. das Fahrrad, die Fahrräder 9. das Büro, die Büros 10. das Glas, die Gläser 11. der Schlüssel, die Schlüssel 12. die Landkarte, die Landkarten 13. die Brille, die Brillen 14. das Fenster, die Fenster 15. die Stadt, die Städte 16. das Flugzeug, die Flugzeuge
Übung 25	1. Wir öffnen die Schublade. 2. Sehen Frau Bauer und ich die Weinflaschen? 3. Stehen Herr und Frau Kerner am Bahnhof? 4. Wir sind aus Hamburg. 5. Nehmen Sie den Bus? 6. Ulrike und Peter schließen die Fenster. 7. Claudia spricht gut Französisch. 8. Welche Sprache sprechen Pierre und Jacques?
Übung 26	1. haben 2. nachmittags 3. wenige 4. kostenlos 5. meiner 6. bis 7. genau 8. unsere 9. hat 10. frei 11. wieviel 12. meinem
Übung 27	1. Vater 2. Tochter 3. Sohn 4. ihm 5. Mädchen 6. ihr 7. Mann 8. Vorname 9. Schwester 10. Person 11. Frau 12. Kinder

Übung 28	1. ein**er** … ein**er** 2. dies**em** 3. ein**er** … ein**em** 4. sein**er** 5. ihr**er** 6. ein**er** 7. mein**em** 8. ein**em**
Übung 29	1. Herr Schneider arbeitet bei einer Bank. 2. Die Firma Hanser ist in Frankfurt. 3. Sie haben keine Kinder. 4. Sabine Rau und ihr Mann wohnen in einer Wohnung. 5. Er arbeitet bei Siemens.
Übung 30	1. Der Bus fährt nach Zwickau. 2. Er kommt aus Gera. 3. Er liegt in ihrer Wohnung. 4. Die Linie 8 fährt nach Gera. 5. Er fährt um 16 Uhr ab.
Übung 31	1. Der Zug nach Paris fährt um 13.35 Uhr ab. 2. Der Zug um 13.50 Uhr fährt nach Berlin. 3. Der Zug um 14.05 Uhr kommt auf Gleis 7 an. 4. Der Zug aus Warschau kommt um 12.45 Uhr an. 5. Er kommt auf Gleis 17 an. 6. Der Zug um 11.30 Uhr kommt aus Rom. 7. Der Zug nach Amsterdam fährt auf Gleis 1 ab. 8. Zwei Züge fahren nach Berlin. 9. Der Zug um 14.20 Uhr kommt aus Salzburg. 10. Der Zug nach Kopenhagen fährt auf Gleis 4 ab.
Übung 32	1. Meine Fenster öffne ich abends. 2. Um 9 Uhr fährt der Zug nach Köln ab. 3. Montag abends sind wir in unserer Wohnung. 4. Um 11 Uhr öffnen nicht viele Restaurants. 5. Bei der Firma Koch arbeitet Herr Steiner. 6. Um 3 Uhr kommt Christiane aus Toronto. 7. Unter der Postkarte liegen zwei Briefmarken. 8. Jeden Tag nehme ich die U-Bahn nach Bockenheim. 9. Neben Herrn Gonser sitzt Frau Sommer. 10. Vor der Tür steht niemand. 11. Uwe heißt mein Freund. 12. In Herrn Jansens Büro sitzen drei Herren.
Übung 33	1. der … dem 2. den … der 3. es 4. die … sie 5. den … ihn 6. die … sie 7. ihn 8. es … es 9. der … dem 10. den … ihn
Übung 34	1. d 2. e 3. m 4. f 5. h 6. b 7. l 8. a 9. g 10. i 11. j 12. k
Übung 35	1. seine 2. kein 3. eine 4. Ihren 5. eine 6. keine 7. eine 8. unsere 9. kein 10. meinen … Ihre
Übung 36	1. ein kurzer 2. ein rotes 3. ein neues 4. Ein langer 5. eine englische 6. eine billige 7. ein großer 8. ein gelber 9. ein japanisches 10. einen alten
Übung 37	1. c 2. c 3. a
Übung 38	1. ein**em** alt**en** 2. ein**em** klein**en** 3. ein**em** ander**en** 4. klein**en** 5. ein**em** italienisch**en** 6. ein**er** amerikanisch**en** 7. ein**em** schön**en** 8. viel**en**

Übung 39	1. Wer ist Dieters Vater? 2. Wohin fliegen Sie? 3. Wann kommt das Flugzeug an? 4. Was für ein Hund ist das? 5. Bis wann sind Pfeifers in Bogota? 6. Wo ist Frau Krause am Montag? 7. Wer arbeitet bei Philips? 8. Welche Sprachen sprechen Sie? 9. Wann kommt Matthias? 10. Wo sitzt Inge mit Friedrich? 11. Was für ein Auto haben Sie? 12. Wohin fahren Sie mit dem Zug?
Übung 40	1. am 2. weit 3. vor 4. direkt 5. zwischen 6. gegenüber 7. links 8. Nähe
Übung 41	1. Sie arbeitet bei der Firma TransEuropa. 2. Herr Meißner heißt mit Vornamen Herbert. 3. Man schreibt seinen Nachnamen mit ß. 4. Er spricht mit Frau Bauer. 5. Er spricht morgens mit ihr. 6. Nein, er spricht nicht mit Herrn Huber. 7. Herr Huber ist gegen 14 Uhr im Büro. 8. Er gibt ihr seine neue Telefonnummer. 9. Nein, er sagt ihr nicht seine Adresse. 10. Sie spricht heute nachmittag mit ihm.
Übung 42	1. dem 2. der 3. den 4. den 5. dem 6. den 7. der 8. den
Übung 43	1. In München sagt man „Grüß Gott!" 2. Welche Sprachen spricht man in Belgien? 3. Kauft man Zeitschriften am Kiosk? 4. In Australien sieht man viele Känguruhs. 5. In Deutschland und Frankreich arbeitet man am 1. Mai nicht. 6. Wie sagt man „Auf Wiedersehen!" auf englisch? 7. In den Berlitz-Schulen spricht man viele Sprachen. 8. Vom Flughafen nimmt man einen Bus oder ein Taxi. 9. Wie kommt man von hier in die Kirchstraße? 10. In Deutschland trinkt man gern Bier.
Übung 44	1. das erste 2. die alten 3. den letzten 4. die neue 5. das billige 6. die teuren 7. die alte 8. die englische … die deutsche
Übung 45	1. Er kommt aus dem Büro. 2. Er spricht vor der Firma mit ihr. 3. Er fährt mit seiner Familie in den Schwarzwald. 4. Er fährt heute abend. 5. Er bleibt 2 Tage. 6. Sie fahren mit dem Auto. 7. Freitag abends fahren keine Züge nach Wildbad. 8. Sie geht mit ihrem Mann ins Kino. 9. Sie fährt mit ihrem Mann in die Stadt. 10. Sie fährt am Samstag in die Stadt.
Übung 46	1. ihr 2. ihnen 3. uns 4. Ihnen 5. ihm 6. ihr 7. mir 8. ihm 9. uns 10. ihnen
Übung 47	1. Sie fährt mit dem Bus in die Stadt. 2. Um Viertel nach 8 ist sie im Bus. 3. Um 8.35 Uhr kommt sie am Ebertplatz an. 4. Sie geht ins Büro. 5. Um 9 Uhr ist sie im Büro. 6. Um Viertel vor 5 geht sie nach Hause.

Übung 48   B. 1. Sigrid und Klaus gehen nicht ins Restaurant. 2. Ich fahre um 8 Uhr ins Büro. 3. Wer geht ins Cafe? 4. Ich komme ans Fenster. 5. Der Bus fährt in die Bahnhofstraße. 6. Die Schüler gehen in den Park. 7. Hubers kommen an die Tür. 8. Horst fährt nicht in die Schweiz. 9. Mit wem gehen Sie ins Kino? 10. Wir fahren in die Stadt.

Übung 49   1. b 2. c 3. c 4. c 5. a 6. b

Übung 50   1. Muß 2. Können 3. wollen 4. muß 5. Wollen 6. kann 7. kann 8. müssen 9. kann 10. wollen

Übung 51   1. b. über 2. c. nach 3. c. ans 4. b. von 5. a. über 6. b. im 7. b. auf 8. c. Am

Übung 52   1. Sie kommen aus der Firma. 2. Sie hat ein Italienischbuch in der Hand. 3. Sie will dieses Jahr mit ihrem Mann nach Italien fahren. 4. Sie geht in die Berlitz-Schule. 5. Sie nimmt zweimal in der Woche Italienischunterricht. 6. Sie hat montags und donnerstags Unterricht. 7. Sie sprechen nur Italienisch. 8. Sie antworten. 9. Ja, sie kann alles verstehen. 10. Er muß in die Schule gehen.

Übung 53   1. Wenn wir Fahrkarten kaufen möchten, müssen wir am Schalter fragen. 2. Wenn Frau Kranz aus Athen zurückkommt, zeigt sie ihrer Tochter Fotos. 3. Horst will seine Freunde sehen, wenn er nächste Woche in Madrid ist. 4. Wenn Sie die Frau an der Information fragen, sagt sie Ihnen die Flugnummer. 5. Herr Stengel trinkt Kaffee, wenn er um 7 Uhr im Büro ist. 6. Wenn ich in München bin, gehe ich mit Andrea ins Deutsche Museum. 7. Wir schreiben Ihnen eine Postkarte, wenn wir nach Rußland fliegen. 8. Wenn man morgens ins Büro kommt, sagt man „Guten Morgen!" 9. Wenn Sie Scholl heißen, ist dieser Brief für Sie. 10. Wenn wir zusammen nach Rio fliegen wollen, müssen wir Flugscheine kaufen.

Übung 54   1. b. weil 2. c. wie oft 3. a. stellt 4. c. drüben 5. b. manchmal 6. a. was 7. c. darf 8. a. erklären

Übung 55   1. Wissen Sie, wieviel eine Fahrkarte nach Berlin kostet? 2. Wissen Sie, wo Mariannes Sohn ist? 3. Wissen Sie, was Sie am Wochenende machen? 4. Wissen Sie, wie lange Hansens in Griechenland bleiben? 5. Wissen Sie, wann Rudolf aus Neuseeland zurückkommt? 6. Wissen Sie, welche Sprachen Ihre Freundin spricht? 7. Wissen Sie, bis wann das Museum geöffnet ist? 8. Wissen Sie, welcher Tag gestern war? 9. Wissen Sie, seit wann Herr Kunz verheiratet ist? 10. Wissen Sie, wie oft Herr Ott nach München fährt?

Übung 56   1. Sie haben im Hotel gewohnt.   2. Sie haben es Samstag morgen gesehen.   3. Sie hat ein paar Souvenirs gekauft.   4. Sie haben in einem Biergarten nicht weit von der Universität Weißbier getrunken.   5. Auf der Leopoldstraße gibt es viele Galerien.   6. Sie haben dort gegessen.

Übung 57   1. hat … genommen   2. haben … gegessen   3. hat … aufgehört   4. hat … geschrieben   5. haben … gesprochen   6. haben … gewartet   7. habe … gearbeitet   8. haben … gelesen   9. hat … angefangen   10. habe … gelegt

Übung 58   1. fliegen   2. rauchen   3. frühstücken   4. Wohnung   5. Unterricht   6. gefragt   7. danken   8. arbeitet

Übung 59   1. Sie wollen die Speisekarte sehen, bevor sie etwas bestellen.   2. Sie bestellt ein Mineralwasser.   3. Er möchte das Steak mit Kartoffeln und Salat essen.   4. Es hat ihnen sehr gut geschmeckt.   5. Sie bestellen zwei Kaffee.   6. Das Essen kostet 54,80 DM.   7. Er bezahlt bar.   8. Er gibt 5,20 DM Trinkgeld.

Übung 60   1. a. besonders   2. c. Bevor   3. c. Kommt   4. b. auf   5. a. mir gut   6. b. nur   7. c. Ihnen   8. b. Rechnung

Übung 61   1. Ja, sie haben ihn schon gerufen.   2. Nein, sie haben noch nicht bestellt.   3. Ja, sie haben sie schon gelesen.   4. Nein, sie haben noch nicht aufgehört zu essen.   5. Ja, er hat schon etwas getrunken.   6. Nein, sie haben noch nicht um die Rechnung gebeten.   7. Ja, er hat sie schon gebracht.   8. Ja, er hat es schon auf den Tisch gelegt.   9. Nein, er hat es noch nicht genommen.   10. Nein, sie haben noch nicht „Auf Wiedersehen" gesagt.

Übung 62   1. Er arbeitet bei einer Computerfirma.   2. Er ist eine Woche in Brüssel gewesen.   3. Er ist mit seiner Familie dort gewesen.   4. Sie sind mehr als sieben Stunden nach Brüssel gefahren.   5. Sie sind nicht geflogen, weil sie auch Freunde in Luxemburg besucht haben.   6. Er kennt Brüssel besser, weil seine Frau vor ein paar Jahren dort gewohnt hat und ihm die Stadt gezeigt hat.

Übung 63   1. Wir sind nicht oft mit dem Fahrrad in die Stadt gefahren.   2. Sind Sie am Flughafen Berlin Tegel oder Tempelhof angekommen?   3. Bei Sommers ist niemand zu Hause gewesen.   4. Von welcher Haltestelle ist die U-Bahn abgefahren?   5. Claudia ist am Dienstag nicht mit uns nach London geflogen.   6. Sind Sie im Januar mit Kollegen nach Stockholm gefahren?   7. Wann ist Gudrun in die Schweiz geflogen?

Übung 63 (Fortsetzung)	8. Der Zug nach Moskau ist um 20 Uhr abgefahren. 9. Wer ist mit Ihnen ins Restaurant gegangen? 10. Herr Vollmer ist nie geschäftlich unterwegs gewesen. 11. Sind Sie dieses Jahr nach Spanien gefahren? 12. Ich bin am Wochenende manchmal ins Kino gegangen.
Übung 64	1. Dagmar hat am Samstag zwei Zeitungen gelesen. 2. Ich bin nicht mit dem Bus in die Stadt gefahren. 3. Wie lange hat Ihre Besprechung gedauert? 4. Wir haben heute schon um 12 Uhr zu Mittag gegessen. 5. Sind Sie auch mit ins Kino gegangen? 6. Ich habe Ihre Frage nicht verstanden. 7. Am wievielten sind Sie geschäftlich nach Oslo gefahren? 8. Die Angestellten haben mit ihrem Chef gesprochen. 9. Wer ist morgens mit der U-Bahn gefahren? 10. Ich habe in einer großen Wohnung am Marktplatz gewohnt. 11. Ist Herr Lindt am Montag in Stuttgart angekommen? 12. Wir sind um 18 Uhr im Café Albatros gewesen.
Übung 65	1. Herr Hütting ist ein guter Kunde von Herrn Seibold. 2. Er muß den Termin absagen, weil er nach London fliegen muß und nicht vor Freitag zurück ist. 3. Er kann nicht gleich mit ihm sprechen, weil Herr Hütting auf der anderen Leitung spricht. 4. Er ist von Freitag mittag bis Montag in der Schweiz. 5. Am Montag ist er in Zürich. 6. Er ist bei Kunden. 7. Er kann ihn am Samstag um 19 Uhr sehen. 8. Er geht zu Fuß.
Übung 66	1. ..., daß sie das Fenster zugemacht hat. 2. ..., ob ich gut Englisch spreche. 3. ..., ob es hier in der Nähe einen Kiosk gibt? 4. ..., daß man das Wort Adresse mit einem d schreibt. 5. ..., wieviel ein Brief nach Indien kostet. 6. ..., daß die Maschine aus Mailand schon angekommen ist. 7. ..., daß in ihrer Familie niemand raucht. 8. ..., wie man Computer auf Deutsch sagt. 9. ..., daß Gerhard die Rechnung noch nicht bezahlt hat. 10. ..., welche Telefonnummer die Firma Intercomp hat.
Übung 67	1. Sie hat es heute morgen gesehen. 2. Sie geht nach der Arbeit in das Geschäft. 3. Sie möchte das blaue Kostüm sehen. 4. Es ist aus Wolle. 5. Sie findet es sehr elegant. 6. Kurze Röcke sind jetzt modern. 7. Sie möchte ihr ein Kostüm mit einem Rock zeigen, der etwas länger ist. 8. Sie möchte das Kostüm lieber einer Freundin zeigen und sehen, was sie davon hält.
Übung 68	1. Wohin will sie fahren? 2. Worum haben sie im Restaurant gebeten? 3. Woher kommt Becks Bier? 4. Womit fährt sie in die Stadt? 5. Wofür sind diese Fahrkarten? 6. Worauf hat sie gewartet?

Übung 68
(Fortsetzung)

7. Wohin ist er nach der Arbeit gegangen? 8. Woher sind sie? 9. Womit hat er bezahlt? 10. Wonach hat man den Kellner gefragt?

Übung 69

1. Bitte zeigen Sie mir den blauen Anzug, der dort hinten hängt. 2. Möchten Sie die sportlichen Kleider sehen, die im Schaufenster liegen? 3. Michael kennt einen Kellner, der im Restaurant Tokio arbeitet. 4. Ich habe italienische Hemden gekauft, die sehr teuer waren. 5. Fährt Frau Körner nie mit dem Auto, das immer vor ihrem Haus steht? 6. Wo ist der Verkäufer, der uns die neuen Computer gezeigt hat? 7. Wir nehmen den Bus, der immer vor unserem Haus abfährt. 8. Dort steht die Kundin, die gestern drei Blusen gekauft hat.

Übung 70

Waagrecht: 1. ob 3. Hamburg 7. Buch 8. Hosen 9. sein 10. dort 12. Abend 14. neben 15. teuer 16. links 19. Quittung 20. Zeit

Senkrecht: 1. ob 2. Buchstabe 4. arbeiten 5. gehen 6. Kleid 9. sehe 11. Rhein 12. aber 13. England 17. Satz 18. bunt

Übung 71

1. Jutta ist Anitas Freundin. 2. Sie hat ihr das blaue Kostüm gezeigt. 3. Sie probiert es in der Umkleidekabine an. 4. Sie kann keine graue Bluse anprobieren, weil die Verkäuferin Größe 40 im Moment nicht in Grau hat. 5. Grau gefällt ihr besser. 6. Sie packt es ein.

Übung 72

1. unseres Sohnes 2. der Sekretärin 3. dieser Geschäftsleute 4. des Kunden 5. unserer Bank 6. dieses Monats 7. der Handschuhe 8. dieser Blusen 9. meines Anzugs 10. des Buchladens

Übung 73

1. Sie sind in Portugal gewesen. 2. Sie sind zwei Wochen dort gewesen. 3. Er kommt am Montag morgen wieder in die Firma. 4. Sie ist Herrn Kramers Sekretärin. 5. Sie hat die Preise für die Datacom-Computer noch nicht geschickt. 6. Sie arbeitet bei Datacom. 7. Er muß an der Besprechung teilnehmen, weil Herr Shindo ein wichtiger Kunde ist. 8. Sie muß den Termin um 15.15 Uhr verschieben.

Übung 74

1. zur 2. zur 3. zu 4. zum 5. zum 6. zur 7. zur 8. zu

Übung 75

1. c. mit 2. c. zu 3. b. nach 4. b. am 5. a. seit 6. c. zwischen 7. b. ins 8. a. auf

Übung 76

1. In diesem Restaurant braucht man nicht lange auf den Kellner zu warten. 2. Brauchen Sie eine Quittung? 3. Wir brauchen einen Stadtplan, wenn wir nach Athen fahren. 4. Vera braucht nicht mehr den Bus zu nehmen, weil sie ein Auto hat. 5. Was brauchen Sie,

---

Lösungsschlüssel

Übung 76 (Fortsetzung)	wenn Sie nach China fliegen wollen? 6. Ich brauche keine modische Kleidung zu tragen, wenn ich hier arbeite. 7. Braucht man von Frankfurt nach Paris mehr als 4 Stunden mit dem Auto? 8. Wenn Sie Herrn Schäfer anrufen wollen, brauchen Sie keine Vorwahl zu wählen.
Übung 77	1. Er hat großen Hunger, weil er in einer langen Besprechung war. 2. Sie wollen in die Bürgerstube gehen. 3. Sie geht gern in dieses Restaurant, weil es dort ausgezeichnete Maultaschen gibt. 4. Er kommt um Viertel nach 9 und nicht um 9 Uhr ins Restaurant, weil noch ein Kunde aus Kanada angerufen hat. 5. Sie hat einen Wein bestellt. 6. Maultaschen und Sauerbraten mit Spätzle sind die Spezialitäten des Restaurants.
Übung 78	1. muß 2. darf 3. darf 4. müssen 5. darf 6. müssen 7. muß 8. darf
Übung 79	1. schon 2. noch nicht 3. schon 4. nicht mehr 5. immer noch 6. nicht mehr 7. immer noch 8. noch nicht 9. schon 10. noch nicht
Übung 80	1. c. Lust 2. b. tut 3. a. im 4. b. halten 5. c. stellen 6. b. nehmen 7. a. Geht 8. c. auf

ANHANG

Der bestimmte Artikel

	M.	F.	N.	Plural
Nominativ	der	die	das	die
Genitiv	des	der	des	der
Dativ	dem	der	dem	den
Akkusativ	den	die	das	die

Der unbestimmte Artikel

	M.	F.	N.
	ein	eine	ein
	eines	einer	eines
	einem	einer	einem
	einen	eine	ein

ebenso: *mein, sein, kein*

Das Demonstrativpronomen

	M.	F.	N.	Plural
Nominativ	dieser	diese	dieses	diese
Genitiv	dieses	dieser	dieses	dieser
Dativ	diesem	dieser	diesem	diesen
Akkusativ	diesen	diese	dieses	diese

Das Personalpronomen

Nominativ	*Dativ*	*Akkusativ*
ich	mir	mich
er, sie, es	ihm, ihr, ihm	ihn, sie, es
wir	uns	uns
sie	ihnen	sie
Sie	Ihnen	Sie

Das Reflexivpronomen

Dativ	*Akkusativ*
mir	mich
sich	sich
uns	uns
sich	sich

Das Possessivpronomen

Nominativ
mein
sein, ihr, sein
unser
ihr
Ihr

Adjektivendungen nach *der, dieser*

	Maskulin			Feminin			Neutrum		
Nom.	der	groß**e**	Tisch	die	groß**e**	Tür	das	groß**e**	Bild
Gen.	des	groß**en**	Tisches	der	groß**en**	Tür	des	groß**en**	Bildes
Dat.	dem	groß**en**	Tisch	der	groß**en**	Tür	dem	groß**en**	Bild
Akk.	den	groß**en**	Tisch	die	groß**e**	Tür	das	groß**e**	Bild

Plural

Nom.	die	groß**en**	Zimmer
Gen.	der	groß**en**	Zimmer
Dat.	den	groß**en**	Zimmern
Akk.	die	groß**en**	Zimmer

Adjektivendungen nach *ein, kein, mein, sein usw.*

	Maskulin			Feminin			Neutrum		
Nom.	ein	groß**er**	Tisch	eine	groß**e**	Tür	ein	groß**es**	Bild
Gen.	eines	groß**en**	Tisches	einer	groß**en**	Tür	eines	groß**en**	Bildes
Dat.	einem	groß**en**	Tisch	einer	groß**en**	Tür	einem	groß**en**	Bild
Akk.	einen	groß**en**	Tisch	eine	groß**e**	Tür	ein	groß**es**	Bild

Plural

Nom.	unsere	groß**en**	Zimmer
Gen.	unserer	groß**en**	Zimmer
Dat.	unseren	groß**en**	Zimmern
Akk.	unsere	groß**en**	Zimmer

VERBEN	ich	er / sie / es	Sie / wir / sie	Perfekt
abfahren	fahre ab	fährt ab	fahren ab	ist abgefahren
abfliegen	fliege ab	fliegt ab	fliegen ab	ist abgeflogen
absagen	sage ab	sagt ab	sagen ab	hat abgesagt
anfangen	fange an	fängt an	fangen an	hat angefangen
ankommen	komme an	kommt an	kommen an	ist angekommen
anprobieren	probiere an	probiert an	probieren an	hat anprobiert
anrufen	rufe an	ruft an	rufen an	hat angerufen
antworten	antworte	antwortet	anworten	hat geantwortet
an/ausziehen	ziehe an/aus	zieht an/aus	ziehen an/aus	hat an/ausgezogen
arbeiten	arbeite	arbeitet	arbeiten	hat gearbeitet
aufhören	höre auf	hört auf	hören auf	hat aufgehört
auf/zumachen	mache auf/zu	macht auf/zu	machen auf/zu	hat auf/zugemacht
ausgehen	gehe aus	geht aus	gehen aus	ist ausgegangen
bekommen	bekomme	bekommt	bekommen	hat bekommen
bestellen	bestelle	bestellt	bestellen	hat bestellt
besuchen	besuche	besucht	besuchen	hat besucht
bezahlen	bezahle	bezahlt	bezahlen	hat bezahlt
bitten um	bitte um	bittet um	bitten um	hat um … gebeten
bleiben	bleibe	bleibt	bleiben	ist geblieben
brauchen	brauche	braucht	brauchen	hat gebraucht
bringen	bringe	bringt	bringen	hat gebracht
dauern	– –	dauert	dauern	hat gedauert
einpacken	packe ein	packt ein	packen ein	hat eingepackt
empfehlen	empfehle	empfiehlt	empfehlen	hat empfohlen
erklären	erkläre	erklärt	erklären	hat erklärt
essen	esse	ißt	essen	hat gegessen
fahren	fahre	fährt	fahren	ist gefahren
finden	finde	findet	finden	hat gefunden
fliegen	fliege	fliegt	fliegen	ist geflogen
fragen	frage	fragt	fragen	hat gefragt
frühstücken	frühstücke	frühstückt	frühstücken	hat gefrühstückt
geben	gebe	gibt	geben	hat gegeben
gefallen	(mir) gefällt	(ihm) gefällt	(ihnen) gefallen	hat gefallen
gehen	gehe	geht	gehen	ist gegangen
glauben	glaube	glaubt	glauben	hat geglaubt
haben	habe	hat	haben	hat gehabt
halten von	halte … von	hält … von	halten … von	hat von … gehalten
hängen	hänge	hängt	hängen	hat gehängt

VERBEN	ich	er / sie / es	Sie / wir / sie	Perfekt
heben	hebe	hebt	heben	hat gehoben
heißen	heiße	heißt	heißen	hat geheißen
hinterlassen	hinterlasse	hinterläßt	hinterlassen	hat hinterlassen
hören	höre	hört	hören	hat gehört
kaufen	kaufe	kauft	kaufen	hat gekauft
kennen	kenne	kennt	kennen	hat gekannt
klingeln	kling(e)le	klingelt	klingeln	hat geklingelt
kommen	komme	kommt	kommen	ist gekommen
kosten	– –	kostet	kosten	hat gekostet
legen	lege	legt	legen	hat gelegt
lernen	lerne	lernt	lernen	hat gelernt
lesen	lese	liest	lesen	hat gelesen
liegen	liege	liegt	liegen	hat gelegen
machen	mache	macht	machen	hat gemacht
mitnehmen	nehme mit	nimmt mit	nehmen mit	hat mitgenommen
mitteilen	teile mit	teilt mit	teilen mit	hat mitgeteilt
nehmen	nehme	nimmt	nehmen	hat genommen
öffnen	öffne	öffnet	öffnen	hat geöffnet
parken	parke	parkt	parken	hat geparkt
passen	(mir) paßt	(ihm) paßt	(ihnen) paßt	hat gepaßt
rauchen	rauche	raucht	rauchen	hat geraucht
reisen	reise	reist	reisen	ist gereist
reservieren	reserviere	reserviert	reservieren	hat reserviert
rufen	rufe	ruft	rufen	hat gerufen
sagen	sage	sagt	sagen	hat gesagt
schicken	schicke	schickt	schicken	hat geschickt
schließen	schließe	schließt	schließen	hat geschlossen
schmecken	(mir) schmeckt	(ihm) schmeckt	(ihnen) schmecken	hat geschmeckt
schreiben	schreibe	schreibt	schreiben	hat geschrieben
sehen	sehe	sieht	sehen	hat gesehen
sein	bin	ist	sind	ist gewesen
servieren	serviere	serviert	servieren	hat serviert
sitzen	sitze	sitzt	sitzen	hat gesessen
sprechen	spreche	spricht	sprechen	hat gesprochen
stecken	stecke	steckt	stecken	hat gesteckt
stehen	stehe	steht	stehen	hat gestanden
stellen	stelle	stellt	stellen	hat gestellt
suchen	suche	sucht	suchen	hat gesucht
teilnehmen	nehme teil	nimmt teil	nehmen teil	hat teilgenommen
telefonieren	telefoniere	telefoniert	telefonieren	hat telefoniert
tragen	trage	trägt	tragen	hat getragen

VERBEN	*ich*	*er / sie / es*	*Sie / wir / sie*	**Perfekt**
trinken	trinke	trinkt	trinken	hat getrunken
tun	tue	tut	tun	hat getan
verbinden	verbinde	verbindet	verbinden	hat verbunden
verkaufen	verkaufe	verkauft	verkaufen	hat verkauft
verschieben	verschiebe	verschiebt	verschieben	hat verschoben
verstehen	verstehe	versteht	verstehen	hat verstanden
vorbeigehen	gehe vorbei	geht vorbei	gehen vorbei	ist vorbeigegangen
vorbeikommen	komme vorbei	kommt vorbei	kommen vorbei	ist vorbeigekommen
wählen	wähle	wählt	wählen	hat gewählt
warten	warte	wartet	warten	hat gewartet
wegfahren	fahre weg	fährt weg	fahren weg	ist weggefahren
weggehen	gehe weg	geht weg	gehen weg	ist weggegangen
wissen	weiß	weiß	wissen	hat gewußt
wohnen	wohne	wohnt	wohnen	hat gewohnt
zahlen	zahle	zahlt	zahlen	hat gezahlt
zeigen	zeige	zeigt	zeigen	hat gezeigt
zurückfahren	fahre zurück	fährt zurück	fahren zurück	ist zurückgefahren
zurückkommen	komme zurück	kommt zurück	kommen zurück	ist zurückgekommen
zurückrufen	rufe zurück	ruft zurück	rufen zurück	hat zurückgerufen

MODALVERBEN

	ich	*er / sie / es*	*Sie / wir / sie*
können	kann	kann	können
wollen	will	will	wollen
müssen	muß	muß	müssen
dürfen	darf	darf	dürfen
mögen	möchte	möchte	möchten
sollen	soll	soll	sollen

AUDIOPROGRAMM

Kapitel 1

Hören Sie zu!

Herr Schulte:	*Guten Tag, Frau Berger!*
Frau Berger:	*Herr Schulte, guten Tag! Wie geht es Ihnen?*
Herr Schulte:	*Danke, gut! Und Ihnen?*
Frau Berger:	*Danke, auch gut … Herr Schulte, das ist Herr Campbell.*
Herr Campbell:	*Freut mich.*
Herr Schulte:	*Mich auch. Woher sind Sie, Herr Campbell?*
Herr Campbell:	*Ich bin aus England.*

Antworten Sie!

Ist Herr Campbell aus England?   Ja, er ist aus England.

Ist England in Asien?   Nein, England ist nicht in Asien.

Wo ist England?   England ist in Europa.

Gut.

Wiederholen Sie!
England – Asien
England ist nicht in Asien.

Brüssel – Deutschland
Brüssel ist nicht in …   Brüssel ist nicht in Deutschland.

London – Österreich
London ist nicht …   London ist nicht in Österreich.

Österreich – Südamerika
Österreich …   Österreich ist nicht in Südamerika.

Die Schweiz – Afrika
Die Schweiz …   Die Schweiz ist nicht in Afrika.

Paris – Spanien   Paris ist nicht in Spanien.

Rom – die Schweiz   Rom ist nicht in der Schweiz.

Sehr gut!

Wiederholen Sie!
1 … 2 … 3 … 4 … 5
1, 2, 3, 4, 5
6 … 7 … 8 … 9 … 10 …
6, 7, 8, 9, 10
1, 2, 3, 4, 5, 6, 7, 8, 9, 10
Schön. Bitte, hören Sie zu!

Herr Schulte:	*Woher sind Sie, Herr Campbell?*
Herr Campbell:	*Ich bin aus England.*
Herr Schulte:	*Ach so! Sind Sie aus London?*
Herr Campbell:	*Nein, aus Oxford.*

Ist Herr Campbell aus London?

Ist er aus Liverpool oder aus Oxford?

Bitte, woher ist er?

Gut.

Wiederholen Sie!

Herr Campbell ist aus Oxford.

Er ist aus Oxford.

Frau Berger ist aus Österreich.

Sie ist …

Herr Ponti ist aus Italien.

Er …

Frau Klammer ist eine Sekretärin.

Herr Schulte ist ein Lehrer.

Frau Peters ist nicht aus Köln.

Herr Kato ist nicht aus Deutschland.

Frau Maas ist eine Schülerin
aus Holland.

Ausgezeichnet! Hören Sie zu!

Nein, er ist nicht aus London.

Er ist aus Oxford.

Er ist aus Oxford.

Sie ist aus Österreich.

Er ist aus Italien.

Sie ist eine Sekretärin.

Er ist ein Lehrer.

Sie ist nicht aus Köln.

Er ist nicht aus Deutschland.

Sie ist eine Schülerin aus Holland.

Herr Campbell: Aber Sie sind aus Deutschland, Herr Schulte, oder?

Herr Schulte: Ja, ich bin aus Deutschland. Aus Berlin.

Antworten Sie!

Ist Herr Schulte aus Deutschland?

Ist er aus Frankfurt?

Ist er aus Köln oder aus Berlin?

Und Berlin ist eine Stadt
in Deutschland, stimmt's?

Ist Deutschland in Europa?

Und Japan? Ist Japan auch in Europa?

Ist Japan in Amerika oder in Asien?

Ist Japan ein Land?

Und was ist Tokio?

Ist Tokio in Spanien?

Wo ist Tokio?

Tokio ist eine Stadt in Japan, stimmt's?

Gut.

Wiederholen Sie!

Tokio ist kein Land.

Tokio ist eine Stadt.

Ja, er ist aus Deutschland.

Nein, er ist nicht aus Frankfurt.

Er ist aus Berlin.

Ja, Berlin ist eine Stadt
in Deutschland.

Ja, Deutschland ist in Europa.

Nein, Japan ist nicht in Europa.

Japan ist in Asien.

Ja, Japan ist ein Land.

Tokio ist eine Stadt.

Nein, Tokio ist nicht in Spanien.

Tokio ist in Japan.

Ja, Tokio ist eine Stadt in Japan.

England ist keine Stadt.
England ist …

England ist ein Land.

Hamburg ist kein Land.
Hamburg ist …

Hamburg ist eine Stadt.

Ich bin kein Deutschlehrer.
Ich bin …

Ich bin ein Deutschschüler.

Sie sind kein Deutschschüler.
Sie …

Sie sind ein Deutschlehrer.

Sehr gut.

Wiederholen Sie!

11 … 12 … 13 … 14 … 15 …

11, 12, 13, 14, 15

16 … 17 … 18 … 19 … 20

16, 17, 18, 19, 20

11, 12, 13, 14, 15, 16, 17,
18, 19, 20

Gut! Hören Sie zu, und wiederholen Sie!

– *Guten Tag, Frau Berger!*
– *Herr Schulte, guten Tag!*
  Wie geht es Ihnen?
– *Danke, gut! Und Ihnen?*
– *Danke, auch gut!*
  Herr Schulte, das ist Herr Campbell.
– *Freut mich.*
– *Mich auch.*
  Woher sind Sie, Herr Campbell?
– *Ich bin aus England.*
– *Ach so! Sind Sie aus London?*
– *Nein, aus Oxford.*
  Aber Sie sind aus Deutschland, Herr Schulte, oder?
– *Ja, ich bin aus Deutschland.*
  Aus Berlin.

Ausgezeichnet! Das ist das Ende von Kapitel Eins. Danke und … auf Wiedersehen!

Kapitel 2

Hören Sie zu!

(Auto)

Das ist ein Auto.

(Flugzeug)

Das ist kein Auto.

Das ist ein Flugzeug.

(Straßenbahn)
Das ist eine Straßenbahn.
(Fahrrad)
Das ist keine Straßenbahn.
Das ist ein Fahrrad.
Antworten Sie!
(Auto)
Ist das ein Auto?

Ja, das ist ein Auto.

(Flugzeug)
Und das? Ist das auch ein Auto?

Nein, das ist kein Auto.

Ist das eine U-Bahn oder ein Flugzeug?

Das ist ein Flugzeug.

(Straßenbahn)
Und das?

Das ist eine Straßenbahn.

(Flugzeug)
Und was ist das?

Das ist ein Flugzeug.

Ist das Flugzeug groß?

Ja, das Flugzeug ist groß.

Ist das Auto auch groß?

Nein, das Auto ist nicht groß.

Wie ist das Auto, groß oder klein?

Das Auto ist klein.

(Fahrrad)
Ist das eine U-Bahn?

Nein, das ist keine U-Bahn.

Ist das ein Auto oder ein Fahrrad?

Das ist ein Fahrrad.

Ist das Fahrrad groß?

Nein, das Fahrrad ist nicht groß.

Das Fahrrad ist klein, stimmt's?

Ja, das Fahrrad ist klein.

(Zug)
Ist der Zug klein?

Nein, der Zug ist nicht klein.

Wie ist der Zug?

Der Zug ist groß.

Gut. Hören Sie zu!

> *Herr Schulte:* Guten Tag, Frau Berger!
> *Frau Berger:* Ah, guten Tag, Herr Schulte!
> *Herr Schulte:* Frau Berger, bitte, wo ist die Zeitung?
> *Frau Berger:* Die Zeitung?
> *Herr Schulte:* Ja, die Berliner Zeitung.
> *Frau Berger:* Sie ist dort, … dort auf dem Tisch.
> *Herr Schulte:* Ach ja! Danke, Frau Berger!
> *Frau Berger:* Bitte schön!

Antworten Sie!
Liegt die Zeitung auf dem Stuhl?

Nein, sie liegt nicht auf dem Stuhl.

Liegt sie unter dem Tisch?

Nein, sie liegt nicht unter dem Tisch.

Wo liegt sie?

Sie liegt auf dem Tisch.

Gut.

der Tisch – auf dem Tisch

die Wand – an der Wand

der Stuhl – unter …

das Buch – in …

das Fenster – an …

die Straße – auf …

die Tasse – in …

der Boden – auf …

der Tisch – vor …

die Tür – hinter …

das Auto – in …

das Auto – unter …

auf dem Tisch

an der Wand

unter dem Stuhl

im Buch

am Fenster

auf der Straße

in der Tasse

auf dem Boden

vor dem Tisch

hinter der Tür

im Auto

unter dem Auto

Sehr gut.

Antworten Sie!

(Auto - groß)

Ist das eine Straßenbahn?

Was ist das?

Ist dieses Auto klein?

Nein, das ist keine Straßenbahn.

Das ist ein Auto.

Nein, dieses Auto ist nicht klein.

Wiederholen Sie!

(Auto - klein)

Dieses Auto ist klein.

(Auto - groß)

Dieses Auto ist nicht klein.

(Katze)

Das ist eine Katze.

(Hund)

Das ist keine …

Das ist keine Katze.

(Hund - klein)

Dieser Hund ist klein.

(Hund - groß)

Dieser Hund ist …

Dieser Hund ist nicht klein.

(Auto)

Das ist ein Auto.

(Hund)

Das ist …

Das ist kein Auto.

(Flugzeug - groß)

Dieses Flugzeug ist groß.

(Flugzeug - klein)

Dieses Flugzeug …

Dieses Flugzeug ist nicht groß.

(Telefon)

Das ist ein Telefon.

(Katze)

Das …

Das ist kein Telefon.

(Straßenbahn)
Das ist eine Straßenbahn.
(Fahrrad)
Das …   Das ist keine Straßenbahn.
Sehr gut. Hören Sie wieder zu!

> *Frau Berger: Herr Schulte!*
> *Herr Schulte: Ja?*
> *Frau Berger: Bitte, geben Sie mir die Jacke.*
> *Herr Schulte: Welche Jacke?*
> *Frau Berger: Die blaue Jacke dort. Sie hängt an der Tür.*
> *Herr Schulte: Ach so … Hier bitte.*
> *Frau Berger: Danke, Herr Schulte!*
> *Herr Schulte: Bitte!*

Antworten Sie!
Ist die Jacke gelb?   Nein, sie ist nicht gelb.
Sie ist blau, stimmt's?   Ja, sie ist blau.
Hängt sie am Fenster?   Nein, sie hängt nicht am Fenster.
Hängt sie an der Wand oder an der Tür?   Sie hängt an der Tür.
Entschuldigung, was hängt an der Tür?   Die blaue Jacke hängt an der Tür.
Sehr gut!

Wiederholen Sie!
Die Jacke ist blau.
Sie hängt an der Tür.
Die blaue Jacke hängt an der Tür.
Die Uhr ist groß.
Sie hängt an der Wand.
Die große Uhr hängt …   Die große Uhr hängt an der Wand.
Der Hund ist schwarz.
Er sitzt auf dem Teppich.
Der schwarze …   Der schwarze Hund sitzt
                                                         auf dem Teppich.
Das Bild ist klein.
Es liegt im Schreibtisch.
Das …   Das kleine Bild liegt im Schreibtisch.
Der Stuhl ist braun.
Er steht vor dem Fenster.
Der …   Der braune Stuhl steht vor
                                                         dem Fenster.
Sehr schön! Hören Sie zu und wiederholen Sie!

– *Guten Tag, Frau Berger!*
– *Ah, guten Tag, Herr Schulte!*
– *Frau Berger, bitte, wo ist die Zeitung?*

– *Die Zeitung?*
– *Ja, die Berliner Zeitung.*
– *Sie ist dort, …*
  dort auf dem Tisch.
– *Ach ja! Danke, Frau Berger!*
– *Bitte schön!*
  * * * *
– *Herr Schulte!*
– *Ja?*
– *Bitte, geben Sie mir die Jacke.*
– *Welche Jacke?*
– *Die blaue Jacke dort.*
  Sie hängt an der Tür.
– *Ach so …*
  Hier bitte.
– *Danke, Herr Schulte!*
– *Bitte!*

Sehr gut. Ausgezeichnet! Das ist das Ende von Kapitel Zwei. Danke und … auf Wiedersehen!

Kapitel 3

Ah, da ist Herr Ponti … Und da ist auch Frau Huber.
Hören Sie zu!

Frau Huber:	*Entschuldigung, ist das Café Wagner weit von hier?*
Herr Ponti:	*Wie bitte?*
Frau Huber:	*Wo bitte ist das Café Wagner?*
Herr Ponti:	*Das ist in der Nähe. Es ist in der Parkstraße, neben dem Hotel Kaiserhof.*
Frau Huber:	*Danke!*

Antworten Sie!

Ist das Café weit von hier?	Nein, es ist nicht weit von hier.
Es ist in der Nähe, stimmt's?	Ja, es ist in der Nähe.
Spricht Herr Ponti mit Ihnen?	Nein, er spricht nicht mit mir.
Er spricht mit Frau Huber, nicht?	Ja, er spricht mit Frau Huber.
Bitte, er spricht mit Frau Huber?	Ja, er spricht mit ihr.

Wiederholen Sie!
Herr Ponti spricht mit Frau Huber.
Er spricht mit ihr.
Frau Huber steht vor Herrn Ponti.
Sie steht vor …   Sie steht vor ihm.

Monika sitzt nicht vor der Lehrerin.
Sie sitzt nicht vor ...   Sie sitzt nicht vor ihr.

Der Lehrer steht vor dem Schüler.
Er steht vor ...   Er steht vor ihm.

Sie sprechen mit der Direktorin.
Sie sprechen ...   Sie sprechen mit ihr.

Ich spreche mit Frau Huber.
Ich ...   Ich spreche mit ihr.

Gut. Hören Sie zu!

> *Frau Huber:* Entschuldigung, sind Sie Spanier?
> *Herr Ponti:* Nein, ich bin Italiener.
> *Frau Huber:* Sie sprechen aber sehr gut Deutsch.
> *Herr Ponti:* Vielen Dank! Sprechen Sie Italienisch?
> *Frau Huber:* Ja, aber nicht sehr gut.

Antworten Sie!

Ist Herr Ponti aus Spanien?   Nein, er ist nicht aus Spanien.

Er ist Italiener, richtig?   Ja, er ist Italiener.

Welche Sprache spricht er?   Er spricht Italienisch.

Spricht er gut Italienisch?   Ja, er spricht gut Italienisch.

Spricht Frau Huber gut Italienisch?   Nein, sie spricht nicht gut Italienisch.

Sie spricht nur ein bißchen   Ja, sie spricht nur ein bißchen
Italienisch, nicht?   Italienisch.

Aber sie spricht sehr gut Deutsch, oder?   Ja, sie spricht sehr gut Deutsch.

Ist sie Deutsche?   Ja, sie ist Deutsche.

Gut.

Wiederholen Sie!

Frau Huber ist aus Deutschland.
Sie ist Deutsche.
Sie spricht Deutsch.

Herr Ponti ist aus Italien.
Er ist ...   Er ist Italiener.
Er spricht ...   Er spricht Italienisch.

Frau Luengo ist aus Spanien.
Sie ist ...   Sie ist Spanierin.
Sie spricht ...   Sie spricht Spanisch.

Herr Latour ist aus Frankreich.
Er ist ...   Er ist Franzose.
Er spricht ...   Er spricht Französisch.

Frau Latour ist aus Frankreich.
Sie ist ...   Sie ist Französin.
Sie spricht ...   Sie spricht Französisch.

Herr Berger ist aus Österreich.
Er ist …   Er ist Österreicher.
Er spricht …   Er spricht Deutsch.

Frau Tanaka ist aus Japan.
Sie ist …   Sie ist Japanerin.
Sie spricht …   Sie spricht Japanisch.

Herr Campbell ist aus England.
Er ist …   Er ist Engländer.
Er spricht …   Er spricht Englisch.

Sehr gut. Herr Ponti sitzt mit Frau Berger im Restaurant.

Hören Sie wieder zu!

> *Herr Ponti: Guten Tag! Ein Glas Bier, bitte.*
> *Kellner: Möchten Sie ein Pils oder ein Export?*
> *Herr Ponti: Ein Export, bitte.*
> *Frau Berger: Und ein Glas Wein, bitte. Chablis.*
> *Kellner: Gut. Ein Export und ein Glas Chablis.*

Antworten Sie!
Nimmt Herr Ponti ein Bier?   Ja, er nimmt ein Bier.
Nimmt er eine Flasche Bier?   Nein, er nimmt keine Flasche Bier.
Er nimmt ein Glas Bier, nicht?   Ja, er nimmt ein Glas Bier.
Und Frau Berger, nimmt sie ein
Glas Bier?   Nein, sie nimmt kein Glas Bier.
Was nimmt sie, ein Pils oder ein
Glas Wein?   Sie nimmt ein Glas Wein.

Gut. Hören Sie zu!

> *Kellner: Hier, bitte schön, das Export … und der Wein.*
> *Frau Berger: Entschuldigung, ist dieser Wein aus Frankreich?*
> *Kellner: Ja, der Chablis ist aus Frankreich.*
> *Frau Berger: Vielen Dank!*
> *Herr Ponti: Wieviel macht das, … das Bier hier und der Wein?*
> *Kellner: Das macht 9 DM, bitte.*
> *Herr Ponti: 9 DM?*
> *Kellner: Ja, 3 DM das Bier, und der Wein 6 DM.*
> *Frau Berger: Ein Glas Wein kostet 6 DM? Ist das nicht ein bißchen teuer?*
> *Kellner: Na ja, das ist teuer, … aber dieser Wein ist auch sehr gut.*

Antworten Sie!
Was trinkt Frau Berger, Chablis?   Ja, sie trinkt Chablis.
Ist der Chablis aus Deutschland?   Nein, der Chablis ist nicht aus
                                    Deutschland.
Woher ist der Chablis?   Er ist aus Frankreich.

Kostet das Bier 3 DM?	Ja, das Bier kostet 3 DM.
Und der Wein? Kostet der Wein auch 3 DM?	Nein, der Wein kostet nicht 3 DM.
Er kostet 6 DM, stimmt's?	Ja, er kostet 6 DM.
Ist das billig oder teuer?	Das ist teuer.
Aber der Wein ist sehr gut, oder?	Ja, er ist sehr gut.

Sehr schön! Hören Sie noch einmal zu … und wiederholen Sie!

– *Entschuldigung, ist das Café Wagner weit von hier?*
– *Wie bitte?*
– *Wo bitte ist das Café Wagner?*
– *Das ist in der Nähe.*
  Es ist in der Parkstraße,
  neben dem Hotel Kaiserhof.
– *Danke …*
  Entschuldigung, sind Sie Spanier?
– *Nein, ich bin Italiener.*
– *Sie sprechen aber sehr gut Deutsch.*
– *Vielen Dank!*
  Sprechen Sie Italienisch?
– *Ja, aber nicht sehr gut.*
  ＊ ＊ ＊ ＊
– *Guten Tag! Ein Glas Bier, bitte.*
– *Möchten Sie ein Pils oder ein Export?*
– *Ein Export, bitte.*
– *Und ein Glas Wein, bitte. Chablis.*
– *Gut. Ein Export und ein Glas Chablis.*
– *Hier, bitte schön,*
  das Export … und der Wein.
– *Entschuldigung, ist dieser Wein aus Frankreich?*
– *Ja, der Chablis ist aus Frankreich.*
– *Vielen Dank!*
– *Wieviel macht das, …*
  das Bier hier und der Wein?
– *Das macht 9 DM, bitte.*
– *9 DM?*
– *Ja, 3 DM das Bier,*
  und der Wein 6 DM.
– *Ein Glas Wein kostet 6 DM?*
  Ist das nicht ein bißchen teuer?

– *Na ja, das ist teuer,*
   aber dieser Wein ist auch sehr gut.
Ausgezeichnet! Und das ist das Ende von Kapitel 3. Vielen Dank und … auf Wiedersehen!

Kapitel 4

Hören Sie zu!
(Hund - groß)
Das ist ein Hund.
Das ist Herrn Kerners Hund.
Sein Hund sitzt auf der Straße.

(Hund - klein)
Das ist auch ein Hund.
Das ist Frau Schöllers Hund.
Ihr Hund sitzt im Zimmer.

Antworten Sie!
(Hund - groß)

Ist das Herrn Kerners Hund?	Ja, das ist Herrn Kerners Hund.
Sitzt Herrn Kerners Hund im Zimmer?	Nein, sein Hund sitzt nicht im Zimmer.
Wo sitzt er?	Er sitzt auf der Straße.
Sitzt Frau Schöllers Hund auf der Straße?	Nein, ihr Hund sitzt nicht auf der Straße.
Wo sitzt ihr Hund?	Ihr Hund sitzt im Zimmer.

Gut.
Wiederholen Sie!

Das ist Frau Schöllers Hund.	
Das ist ihr Hund.	
Das ist Herrn Kerners Schlüssel.	
Das ist sein …	Das ist sein Schlüssel.
Das ist Michaels Bild.	
Das …	Das ist sein Bild.
Das ist Anitas Glas Wasser.	
Das ist …	Das ist ihr Glas Wasser.
Das sind Stefans Bücher.	
Das sind …	Das sind seine Bücher.
Das ist Frau Kerners Tasse Kaffee.	
Das …	Das ist ihre Tasse Kaffee.

Sehr gut. Es ist 8 Uhr morgens. Herr Lempert sitzt im Bus. Ah, da ist auch Frau Bauer. Hören Sie zu!

Herr Lempert:	*Ach guten Morgen, Frau Bauer! Wie geht es Ihnen?*
Frau Bauer:	*Gut. Entschuldigung, sitzt hier jemand?*
Herr Lempert:	*Nein, hier ist frei.*

Antworten Sie!

Sitzt Herr Lempert im Büro? | Nein, er sitzt nicht im Büro.
Wo sitzt er? | Er sitzt im Bus.
Sitzt jemand neben ihm? | Nein, niemand sitzt neben ihm.
Ah, neben ihm ist frei, nicht? | Ja, neben ihm ist frei.

Gut. Hören Sie wieder zu!

> *Herr Lempert:* Entschuldigen Sie, Frau Bauer, wie spät ist es?
> *Frau Bauer:* Es ist jetzt 8 Uhr. Haben Sie keine Uhr?
> *Herr Lempert:* Doch, aber sie ist im Büro.
> *Frau Bauer:* Ach so!

Antworten Sie!

Hat Herr Lempert eine Uhr? | Ja, er hat eine Uhr.
Hat er die Uhr hier? | Nein, er hat sie nicht hier.
Hat er sie in der Schule oder im Büro? | Er hat sie im Büro.
Bitte, wo hat er eine Uhr? | Er hat eine Uhr im Büro.
Und er hat keine Uhr im Bus, stimmt's? | Ja, er hat keine Uhr im Bus.

Gut.

Wiederholen Sie!

Er hat eine Uhr im Büro.
Er hat keine Uhr im Bus.
Er hat einen Schreibtisch im Büro.
Er hat keinen Schreibtisch im … | Er hat keinen Schreibtisch im Bus.
Er hat Bilder im Büro.
Er hat keine … | Er hat keine Bilder im Bus.
Er hat ein Feuerzeug im Büro.
Er hat … | Er hat kein Feuerzeug im Bus.
Er hat eine Zeitung im Büro.
Er hat … | Er hat keine Zeitung im Bus.
Er hat einen Teppich im Büro.
Er hat … | Er hat keinen Teppich im Bus.
Er hat Zigaretten im Büro.
Er … | Er hat keine Zigaretten im Bus.
Er hat ein Sofa im Büro.
Er … | Er hat kein Sofa im Bus.

Sehr schön. Herr Lempert ist am Telefon. Er spricht mit der Bank.
Hören Sie zu!

> *Frau in der Bank:* Deutsche Bank, guten Tag!
> *Herr Lempert:* Guten Tag! Ist die Bank morgen geöffnet?
> *Frau in der Bank:* Es tut mir leid, aber morgen ist geschlossen.

Antworten Sie!

Ist die Bank morgen geöffnet?	Nein, sie ist morgen nicht geöffnet.
Ist sie morgen geschlossen?	Ja, sie ist morgen geschlossen.
Aber heute ist sie geöffnet, oder?	Ja, heute ist sie geöffnet.

Gut. Hören Sie wieder zu!

Frau in der Bank: Es tut mir leid, aber morgen ist geschlossen.
Herr Lempert: Aha, und von wann bis wann ist heute geöffnet?
Frau in der Bank: Von 9 bis 16 Uhr.
Herr Lempert: Gut. Vielen Dank!
Frau in der Bank: Bitte sehr! Auf Wiederhören!

Antworten Sie!

Die Bank ist heute geöffnet, richtig?	Ja, sie ist heute geöffnet.
Ist sie bis 12 Uhr geöffnet?	Nein, sie ist nicht bis 12 Uhr geöffnet.
Ist sie bis 20 Uhr oder bis 16 Uhr geöffnet?	Sie ist bis 16 Uhr geöffnet.

Gut. Es ist 16.30 Uhr. Herr Lempert sitzt jetzt im Café.

Hören Sie zu!

Kellner: Was möchten Sie, bitte?
Herr Lempert: Ich nehme eine Tasse Kaffee.
Kellner: Hier bitte, Ihr Kaffee.
Herr Lempert: Haben Sie auch Zucker?
Kellner: Milch und Zucker stehen auf dem Tisch.
Herr Lempert: Ach ja hier … Vielen Dank!

Antworten Sie!

Sitzt Herr Lempert im Kino?	Nein, er sitzt nicht im Kino.
Wo sitzt er?	Er sitzt im Café.
Trinkt er ein Bier?	Nein, er trinkt kein Bier.
Trinkt er Wasser oder Kaffee?	Er trinkt Kaffee.
Nimmt er den Kaffee mit Zucker?	Ja, er nimmt ihn mit Zucker.
Bitte, er nimmt ihn mit Zucker?	Ja, er nimmt ihn mit Zucker.

Gut.

Wiederholen Sie!

Er nimmt den Kaffee mit Zucker.	
Er nimmt ihn mit Zucker.	
Er sieht die Milch auf dem Tisch.	
Er sieht sie …	Er sieht sie auf dem Tisch.
Er hat das Geld in der Hand.	
Er hat …	Er hat es in der Hand.
Er trinkt den Kaffee ohne Milch.	
Er trinkt …	Er trinkt ihn ohne Milch.

Er hat Zigaretten in der Tasche.

Er ...   Er hat sie in der Tasche.

Sehr schön! Jetzt hören Sie zu, und wiederholen Sie!

– *Ach guten Morgen, Frau Bauer!*
 Wie geht es Ihnen?

– *Gut. Entschuldigung, sitzt hier jemand?*

– *Nein, hier ist frei.*
 Entschuldigen Sie, Frau Bauer,
 wie spät ist es?

– *Es ist jetzt 8 Uhr.*
 Haben Sie keine Uhr?

– *Doch, aber sie ist im Büro.*

– *Ach so!*
 * * * *

– *Deutsche Bank, guten Tag!*

– *Guten Tag. Ist die Bank morgen geöffnet?*

– *Es tut mir leid,*
 aber morgen ist geschlossen.

– *Aha, und von wann bis wann ist heute geöffnet?*

– *Von 9 bis 16 Uhr.*

– *Gut. Vielen Dank!*

– *Bitte sehr! Auf Wiederhören!*
 * * * *

– *Was möchten Sie, bitte?*

– *Ich nehme eine Tasse Kaffee.*

– *Hier bitte, Ihr Kaffee.*

– *Haben Sie auch Zucker?*

– *Milch und Zucker stehen auf dem Tisch.*

– *Ach ja hier ... Vielen Dank!*

Ausgezeichnet! ...Tja, das ist das Ende von Kapitel Vier. Vielen Dank und ... auf Wiederhören!

Kapitel 5

Herr Campbell steht am Münchner Platz. Von dort fahren viele Busse ab. Ah, da kommt auch Frau Berger.

Hören Sie zu!

 Frau Berger: *Guten Tag, Herr Campbell!*

 Herr Campbell: *Tag, Frau Berger! Wie geht es Ihnen?*

 Frau Berger: *Gut. Sagen Sie, fährt hier der Bus nach Gera ab?*

Herr Campbell: Das weiß ich nicht. Und ich habe auch keinen Fahrplan.

Frau Berger: Tja, und mein Fahrplan liegt in meiner Wohnung.

Herr Campbell: Ah, da kommt ein Bus. Fragen Sie dort.

Antworten Sie!

Spricht Herr Campbell mit Frau Berger?	Ja, er spricht mit ihr.
Hat er einen Fahrplan?	Nein, er hat keinen Fahrplan.
Hat Frau Berger einen Fahrplan?	Ja, sie hat einen Fahrplan.
Ist der Fahrplan in ihrer Tasche?	Nein, er ist nicht in ihrer Tasche.
Er liegt in ihrer Wohnung, nicht?	Ja, er liegt in ihrer Wohnung.
Wohnt Frau Berger in einem Haus?	Nein, sie wohnt nicht in einem Haus.
Sie wohnt in einer Wohnung, nicht?	Ja, sie wohnt in einer Wohnung.

Sehr gut.

Wiederholen Sie!

Das ist eine Wohnung.
Sie wohnt in einer Wohnung.

Das ist ein Mann.	
Sie spricht mit einem …	Sie spricht mit einem Mann.
Das ist eine Firma.	
Sie arbeitet in …	Sie arbeitet in einer Firma.
Das ist eine Bank.	
Sie wohnt neben …	Sie wohnt neben einer Bank.
Das ist ein Park.	
Sie sitzt in …	Sie sitzt in einem Park.
Das ist ein Bus.	
Sie fährt mit …	Sie fährt mit einem Bus.

Sehr gut. Hören Sie zu!

Frau Berger: Entschuldigung, fahren Sie nach Gera?

Fahrer: Nein, es tut mir leid. Dieser Bus kommt aus Gera und fährt jetzt nach Zwickau.

Antworten Sie!

Fährt der Bus nach Gera?	Nein, er fährt nicht nach Gera.
Kommt er aus Gera?	Ja, er kommt aus Gera.
Er kommt aus Gera und fährt nach Zwickau, nicht?	Ja, er kommt aus Gera und fährt nach Zwickau.

Gut. Hören Sie zu!

Fahrer: Dieser Bus kommt aus Gera und fährt jetzt nach Zwickau.

Frau Berger: Ach! Und welcher Bus fährt nach Gera?

Fahrer: Die Linie 8, um 16 Uhr … Oh, sehen Sie, dort kommt Ihr Bus.

Frau Berger: Ach ja! Vielen Dank!

Antworten Sie!

Fährt der Bus um 6 Uhr nach Gera?	Nein, er fährt nicht um 6 Uhr nach Gera.
Er fährt um 16 Uhr, stimmt's?	Ja, er fährt um 16 Uhr.
Wie bitte, wann fährt der Bus nach Gera?	Er fährt um 16 Uhr nach Gera.

Gut.

Wiederholen Sie!

Der Bus fährt um 16 Uhr nach Gera.
Um 16 Uhr fährt er nach Gera.
Er kommt um 3 Uhr aus Zwickau.

Um 3 Uhr kommt er …	Um 3 Uhr kommt er aus Zwickau.

Er steht um halb 4 am Bahnhof.

Um halb 4 steht …	Um halb 4 steht er am Bahnhof.

Ich gehe jeden Tag ins Büro.

Jeden Tag …	Jeden Tag gehe ich ins Büro.

Ulla fliegt am Montag nach Berlin.

Am Montag …	Am Montag fliegt sie nach Berlin.

Sehr gut. Im Bus sieht Frau Berger jemanden aus ihrer Firma.

Hören Sie zu!

> *Frau Berger: Guten Tag, Herr Karsten!*
>
> *Herr Karsten: Ach, guten Tag, Frau Berger! Sie fahren auch nach Gera?*
>
> *Frau Berger: Ja. Ich wohne dort.*

Antworten Sie!

Fährt Frau Berger nach Köln?	Nein, sie fährt nicht nach Köln.
Wohin fährt sie?	Sie fährt nach Gera.
Arbeitet sie in Gera oder wohnt sie dort?	Sie wohnt dort.
Sieht sie jemanden im Bus?	Ja, sie sieht jemanden im Bus.
Sieht sie jemanden aus der Firma?	Ja, sie sieht jemanden aus der Firma.

Gut. Hören Sie zu!

> *Frau Berger: Wohnen Sie auch in Gera, Herr Karsten?*
>
> *Herr Karsten: Ja, in der Preußenstraße. Wir haben dort ein kleines Haus.*

Antworten Sie!

Wohnt Herr Karsten in Berlin?	Nein, er wohnt nicht in Berlin.
Wo wohnt er?	Er wohnt auch in Gera.
Er wohnt mit seiner Familie dort, stimmt's?	Ja, er wohnt mit seiner Familie dort.
Wohnt er in einer Wohnung?	Nein, er wohnt nicht in einer Wohnung.
Wo wohnt er?	Er wohnt in einem Haus.
Hat er ein großes oder ein kleines Haus?	Er hat ein kleines Haus.

Gut. Hören Sie wieder zu!

> Herr Karsten: *Und wo wohnen Sie, Frau Berger?*
> Frau Berger: *In einer Wohnung in der Mozartstraße.*
> *… Sagen Sie, fahren Sie jeden Tag mit diesem Bus?*
> Herr Karsten: *Ja, jeden Tag, außer Samstag und Sonntag.*

Antworten Sie!

Fährt Herr Karsten jeden Montag mit dem Bus?	Ja, er fährt jeden Montag mit dem Bus.
Fährt er auch am Dienstag und am Mittwoch?	Ja, er fährt auch am Dienstag und am Mittwoch.
Fährt er am Samstag?	Nein, er fährt nicht am Samstag.
Und am Sonntag fährt er auch nicht, oder?	Nein, am Sonntag fährt er auch nicht.
Er fährt jeden Tag, außer Samstag und Sonntag, richtig?	Ja, er fährt jeden Tag, außer Samstag und Sonntag.

Sehr schön! Jetzt hören Sie noch einmal zu … und wiederholen Sie!

– *Guten Tag, Herr Campbell!*
– *Tag, Frau Berger! Wie geht es Ihnen?*
– *Gut. Sagen Sie, fährt hier der Bus nach Gera ab?*
– *Das weiß ich nicht.*
  Und ich habe auch keinen Fahrplan.
– *Tja, und mein Fahrplan liegt in meiner Wohnung.*
– *Ah, da kommt ein Bus.*
  Fragen Sie dort.
– *Entschuldigung, fahren Sie nach Gera?*
– *Nein, es tut mir leid.*
  Dieser Bus kommt aus Gera
  und fährt jetzt nach Zwickau.
– *Ach! Und welcher Bus fährt nach Gera?*
– *Die Linie 8, um 16 Uhr.*
  Oh, sehen Sie, dort kommt Ihr Bus.
– *Ach ja! Vielen Dank!*
  * * * *
– *Guten Tag, Herr Karsten!*
– *Ach, guten Tag, Frau Berger!*
  Sie fahren auch nach Gera?
– *Ja. Ich wohne dort.*
– *Wohnen Sie auch in Gera, Herr Karsten?*
– *Ja, in der Preußenstraße.*
  Wir haben dort ein kleines Haus.

– *Und wo wohnen Sie, Frau Berger?*
– *In einer Wohnung in der Mozartstraße.*
  Sagen Sie, fahren Sie jeden Tag mit diesem Bus?
– *Ja, jeden Tag, außer Samstag und Sonntag.*

Ausgezeichnet. Tja, das ist das Ende von Kapitel Fünf. Vielen Dank und … auf Wiederhören!

Kapitel 6

Herrn Lemperts Freunde warten im Restaurant Bonsai. Herr Lempert ist am Beethovenweg. Er sieht ein Kino, eine Bank und ein Café, aber kein Restaurant. Und was macht er jetzt? Ah, da kommt jemand …

Hören Sie zu!

Herr Lempert:	*Entschuldigung!*
Frau:	*Ja, bitte?*
Herr Lempert:	*Sagen Sie, ist das Restaurant Bonsai hier in der Nähe?*
Frau:	*Hm … Hier in der Nähe nicht, das Bonsai ist in der Beethovenstraße. Das hier ist der Beethovenweg.*
Herr Lempert:	*Ach ja? Und wo ist die Beethovenstraße?*
Frau:	*Hm …, 5 Minuten mit der U-Bahn.*

Antworten Sie!

Ist das Restaurant Bonsai in der Goethestraße?	Nein, es ist nicht in der Goethestraße.
Es ist in der Beethovenstraße, nicht?	Ja, es ist in der Beethovenstraße.
Ist es weit von hier oder in der Nähe?	Es ist weit von hier.
Aber mit der U-Bahn sind es nur 5 Minuten, oder?	Ja, mit der U-Bahn sind es nur 5 Minuten.

Gut. Hören Sie zu!

Frau:	*Aber in der Schillerstraße ist auch ein japanisches Restaurant …*
Herr Lempert:	*Ja, aber meine Freunde warten im Bonsai.*
Frau:	*Ach so! Gut, dann nehmen Sie die U-Bahn am Opernplatz.*

Antworten Sie!

Ist in der Schillerstraße auch ein japanisches Restaurant?	Ja, in der Schillerstraße ist auch ein japanisches Restaurant.
Aber Herrn Lemperts Freunde warten im Bonsai in der Beethovenstraße, nicht?	Ja, sie warten im Bonsai in der Beethovenstraße.
Bitte, wo warten seine Freunde?	Sie warten im Bonsai in der Beethovenstraße.

Gut. Hören Sie zu!

Herr Lempert: *Und wo ist der Opernplatz?*

> Frau: Gehen Sie die Rathausstraße geradeaus. Dann gehen Sie links. Das ist der Reuterweg. Rechts sehen Sie einen kleinen Kiosk, und direkt gegenüber ist der Opernplatz.
>
> Herr Lempert: Das ist aber kompliziert. Ich glaube, ich nehme ein Taxi.
>
> Frau: Tja, der Taxistand ist neben der Bank dort. Sehen Sie ihn?
>
> Herr Lempert: Ach ja! Vielen Dank!
>
> Frau: Nichts zu danken.

Antworten Sie!

Nimmt Herr Lempert die U-Bahn?	Nein, er nimmt nicht die U-Bahn.
Was nimmt er?	Er nimmt ein Taxi.
Stehen die Taxis hinter oder neben der Bank?	Sie stehen neben der Bank.
Sieht Herr Lempert die Taxis?	Ja, er sieht sie.

Gut.

Wiederholen Sie!

Herr Lempert sieht die Taxis.	
Er sieht sie.	
Er sieht den Kiosk.	
Er sieht …	Er sieht ihn.
Er kauft die Zeitungen.	
Er kauft …	Er kauft sie.
Er nimmt sein Portemonnaie.	
Er …	Er nimmt es.
Er öffnet die Autotür.	
Er …	Er öffnet sie.
Er bezahlt das Taxi.	
Er …	Er bezahlt es.
Er liest die Zeitschrift.	Er liest sie.
Er sieht seine Freunde.	Er sieht sie.

Sehr gut. Im Taxi spricht Herr Lempert mit dem Fahrer.

Hören Sie zu!

> Herr Lempert: Guten Abend! In die Beethovenstraße bitte.
>
> Fahrer: Welche Hausnummer?
>
> Herr Lempert: Das weiß ich nicht. Aber das Restaurant Bonsai ist dort.
>
> Fahrer: Aha, das japanische Restaurant. Ich glaube, das ist neben einem großen Park.

Antworten Sie!

Fährt Herr Lempert mit einem Bus ins Restaurant?	Nein, er fährt nicht mit einem Bus ins Restaurant.

Womit fährt er?	Er fährt mit einem Taxi.
Ist das Restaurant neben einem Café?	Nein, es ist nicht neben einem Café.
Es ist neben einem Park, stimmt's?	Ja, es ist neben einem Park.
Ist es neben einem kleinen oder großen Park?	Es ist neben einem großen Park.
Bitte, wo ist das Restaurant?	Es ist neben einem großen Park.

Gut.

Wiederholen Sie!

Park – groß

Das Bonsai ist neben einem großen Park.

Straße – klein	
Es ist in einer kleinen …	Es ist in einer kleinen Straße.
Kino – alt	
Es ist hinter einem …	Es ist hinter einem alten Kino.
Parkplatz – groß	
Es ist vor …	Es ist vor einem großen Parkplatz.
Firma – deutsch	
Es ist hinter …	Es ist hinter einer deutschen Firma.
Haus – grau	
Es ist neben …	Es ist neben einem grauen Haus.
Schule – neu	
Es ist hinter …	Es ist hinter einer neuen Schule.

Sehr gut. Hören Sie zu!

> *Herr Lempert:* Sagen Sie bitte, wie ist das Bonsai?
>
> *Fahrer:* Das Bonsai ist neu. Es ist ein bißchen teurer, aber es ist auch sehr gut … So, wir sind da … Das macht 10,60 DM, bitte.
>
> *Herr Lempert:* Hier sind 13 DM. Vielen Dank!
>
> *Fahrer:* Bitte! Auf Wiedersehen!

Antworten Sie!

Ist das Bonsai billig?	Nein, es ist nicht billig.
Es ist ein bißchen teurer, stimmt's?	Ja, es ist ein bißchen teurer.
Ist dieses Restaurant sehr gut oder nicht so gut?	Es ist sehr gut.
Bezahlt Herr Lempert jetzt das Taxi?	Ja, er bezahlt es jetzt.

Ausgezeichnet! Hören Sie bitte noch einmal zu … und wiederholen Sie!

> – *Entschuldigung!*
> – *Ja, bitte?*
> – *Sagen Sie,*
>   *ist das Restaurant Bonsai hier in der Nähe?*

- *Hm ... Hier in der Nähe nicht,*
  das Bonsai ist in der Beethovenstraße.
  Das hier ist der Beethovenweg.
- *Ach ja? Und wo ist die Beethovenstraße?*
- *Hm ..., 5 Minuten mit der U-Bahn.*
  Aber in der Schillerstraße ist auch ein japanisches Restaurant.
- *Ja, aber meine Freunde warten im Bonsai.*
- *Ach so!*
  Gut, dann nehmen Sie die U-Bahn am Opernplatz.
- *Und wo ist der Opernplatz?*
- *Gehen Sie die Rathausstraße geradeaus.*
  Dann gehen Sie links.
  Das ist der Reuterweg.
  Rechts sehen Sie einen kleinen Kiosk,
  und direkt gegenüber ist der Opernplatz.
- *Das ist aber kompliziert.*
  Ich glaube, ich nehme ein Taxi.
- *Tja, der Taxistand ist neben der Bank dort.*
  Sehen Sie ihn?
- *Ach ja! Vielen Dank!*
- *Nichts zu danken.*
  * * * *
- *Guten Abend! In die Beethovenstraße bitte.*
- *Welche Hausnummer?*
- *Das weiß ich nicht.*
  Aber das Restaurant Bonsai ist dort.
- *Aha, das japanische Restaurant.*
  Ich glaube, das ist neben einem großen Park.
- *Sagen Sie bitte, wie ist das Bonsai?*
- *Das Bonsai ist neu.*
  Es ist ein bißchen teurer,
  aber es ist auch sehr gut.
  So, wir sind da.
  Das macht 10,60 DM, bitte.
- *Hier sind 13 DM. Vielen Dank!*
- *Bitte! Auf Wiedersehen!*

Und wir sagen auch auf Wiedersehen. Tja, das ist das Ende des Kapitels, das Ende von Kapitel 6. Vielen Dank und ... auf Wiederhören!

Kapitel 7

Es ist 9 Uhr. Herrn Hubers Sekretärin Frau Bauer sitzt an ihrem Schreibtisch …
Ah, das Telefon …

Hören Sie zu!

> *Frau Bauer:*   *Firma TransEuropa, Bauer. Guten Morgen!*
>
> *Herr Meißner:*   *Guten Morgen! Herrn Huber bitte!*
>
> *Frau Bauer:*   *Herr Huber ist nicht im Hause. Mit wem spreche ich bitte?*
>
> *Herr Meißner:*   *Ich heiße Herbert Meißner.*

Antworten Sie!

Spricht Herr Meißner mit Frau Bauer?	Ja, er spricht mit ihr.
Spricht er auch mit Herrn Huber?	Nein, er spricht nicht mit ihm.
Ist Herr Huber im Büro oder ist er nicht im Hause?	Er ist nicht im Hause.

Gut. Hören Sie zu!

> *Frau Bauer:*   *Herr Huber ist gegen 14 Uhr im Büro. Und wie ist noch einmal Ihr Name?*
>
> *Herr Meißner:*   *Meißner mit ß.*

Antworten Sie!

Sagt Herr Meißner der Sekretärin seinen Namen?	Ja, er sagt ihr seinen Namen.
Schreibt man Meißner mit *s*?	Nein, man schreibt Meißner nicht mit *s*.
Wie schreibt man Meißner?	
Mit zwei *s* oder mit *ß*?	Man schreibt Meißner mit *ß*.
Und wie schreibt man Uhr?	
Mit oder ohne *h*?	Man schreibt Uhr mit *h*.

Sehr gut. Hören Sie zu!

> *Frau Bauer:*   *Hat Herr Huber Ihre Telefonnummer?*
>
> *Herr Meißner:*   *Ja, aber ich gebe Ihnen meine neue Nummer: 74 39 68.*
>
> *Frau Bauer:*   *… Gut, Herr Meißner. Herr Huber ist heute nachmittag hier. Ich spreche dann mit ihm. Auf Wiederhören!*
>
> *Herr Meißner:*   *Auf Wiederhören!*

Antworten Sie!

Gibt Herr Meißner der Sekretärin seine Hausnummer?	Nein, er gibt ihr nicht seine Hausnummer.
Was gibt er ihr?	Er gibt ihr seine Telefonnummer.
Bitte, wem gibt er seine Telefonnummer?	Er gibt der Sekretärin seine Telefonnummer.

Gut.

         Audioprogramm

Wiederholen Sie!
die Sekretärin
Er gibt der Sekretärin seine Nummer.
der Lehrer
Er gibt dem Lehrer …   Er gibt dem Lehrer seine Nummer.
die Freunde
Er gibt den Freunden …   Er gibt den Freunden seine Nummer.
der Direktor
Er gibt …   Er gibt dem Direktor seine Nummer.
die Freundin
Er gibt …   Er gibt der Freundin seine Nummer.
Hubers
Er gibt …   Er gibt Hubers seine Nummer.
Gut. Es ist Freitag, 17 Uhr. Herr Lempert kommt aus dem Büro. Vor der Firma sieht er
Frau Bauer.
Hören Sie zu!

> Herr Lempert: *Tag, Frau Bauer!*
> Frau Bauer: *Hallo, Herr Lempert, wie geht es Ihnen?*
> Herr Lempert: *Sehr gut! Das Wochenende ist da, und heute abend*
> *fahre ich mit meiner Familie in den Schwarzwald,*
> *nach Wildbad.*

Antworten Sie!
Sieht Herr Lempert Frau Bauer
vor dem Bahnhof?   Nein, er sieht sie nicht vor dem Bahnhof.
Wo sieht er sie?   Er sieht sie vor der Firma.
Was macht er am Wochenende?
Bleibt er zu Hause?   Nein, er bleibt nicht zu Hause.
Fährt er nach Wildbad?   Ja, er fährt nach Wildbad.
Sehr gut. Hören Sie zu!

> Herr Lempert: *Und was machen Sie?*
> Frau Bauer: *Nicht viel. Heute abend gehe ich mit meinem Mann ins Kino, und*
> *am Samstag fahren wir in die Stadt, um ein neues Sofa zu kaufen.*

Antworten Sie!
Fährt Frau Bauer auch in den
Schwarzwald?   Nein, sie fährt nicht in den Schwarzwald.
Sie fährt in die Stadt, nicht?   Ja, sie fährt in die Stadt.
Fährt sie in die Stadt, um zu arbeiten?   Nein, sie fährt nicht in die Stadt, um zu
                                                   arbeiten.
Sie fährt in die Stadt, um ein Sofa zu   Ja, sie fährt in die Stadt, um ein Sofa zu
kaufen, stimmt's?   kaufen.

Wie bitte, warum fährt sie in die Stadt?

Sie fährt in die Stadt, um ein Sofa zu kaufen.

Gut.

Wiederholen Sie!
Sie fährt in die Stadt.
Sie kauft ein Sofa.
Sie fährt in die Stadt, um ein Sofa zu kaufen.

Sie geht ins Kino.
Sie fährt in die Stadt, um ins Kino …

Sie fährt in die Stadt, um ins Kino zu gehen.

Sie bezahlt ihren Flug.
Sie fährt in die Stadt, …

Sie fährt in die Stadt, um ihren Flug zu bezahlen.

Sie sieht Freunde.
Sie …

Sie fährt in die Stadt, um Freunde zu sehen.

Sie spricht mit Ulli.

Sie fährt in die Stadt, um mit Ulli zu sprechen.

Sehr gut. Hören Sie wieder zu!

    Frau Bauer: Sagen Sie, wie lange bleiben Sie in Wildbad, Herr Lempert?

Herr Lempert: Nur zwei Tage. Am Sonntag kommen wir zurück.

    Frau Bauer: Und wie kommen sie dahin? Mit dem Zug?

Herr Lempert: Nein, wir fahren mit dem Auto. Freitag abends fährt kein Zug nach Wildbad.

    Frau Bauer: Ach so! Na, dann gute Reise, Herr Lempert!

Herr Lempert: Schönes Wochenende, Frau Bauer!

Antworten Sie!
Bleiben Lemperts zwei Wochen in Wildbad?

Nein, sie bleiben nicht zwei Wochen in Wildbad.

Wie lange bleiben sie?

Sie bleiben zwei Tage.

Nehmen sie den Zug?

Nein, sie nehmen nicht den Zug.

Fahren sie mit dem Auto oder mit dem Bus?

Sie fahren mit dem Auto.

Sehr gut. Jetzt hören Sie noch einmal zu und wiederholen Sie!

– *Firma TransEuropa, Bauer. Guten Morgen!*
– *Guten Morgen! Herrn Huber bitte!*
– *Herr Huber ist nicht im Hause.*
  Mit wem spreche ich bitte?
– *Ich heiße Herbert Meißner.*
– *Herr Huber ist gegen 14 Uhr im Büro.*
  Und wie ist noch einmal Ihr Name?
– *Meißner mit ß.*
– *Hat Herr Huber Ihre Telefonnummer?*

– Ja, aber ich gebe Ihnen meine neue Nummer:
  74 39 68.
– Gut, Herr Meißner.
  Herr Huber ist heute nachmittag hier.
  Ich spreche dann mit ihm.
  Auf Wiederhören!
– Auf Wiederhören!
  * * * *
– Tag, Frau Bauer!
– Hallo, Herr Lempert, wie geht es Ihnen?
– Sehr gut. Das Wochenende ist da,
  und heute abend fahre ich mit meiner Familie in den Schwarzwald,
  nach Wildbad.
  Und was machen Sie?
– Nicht viel.
  Heute abend gehe ich mit meinem Mann ins Kino,
  und am Samstag fahren wir in die Stadt,
  um ein neues Sofa zu kaufen.
  Sagen Sie,
  wie lange bleiben Sie in Wildbad, Herr Lempert?
– Nur zwei Tage.
  Am Sonntag kommen wir zurück.
– Und wie kommen sie dahin?
  Mit dem Zug?
– Nein, wir fahren mit dem Auto.
  Freitag abends fährt kein Zug nach Wildbad.
– Ach so! Na, dann gute Reise, Herr Lempert!
– Schönes Wochenende, Frau Bauer!

Sehr schön. Ja, und wir sagen auch gute Reise. So, und das ist das Ende von Kapitel 7.
Vielen Dank und … auf Wiederhören!

Kapitel 8

Samstag morgen, 9.30 Uhr. Herr Huber kommt mit dem Taxi am Frankfurter Flughafen
an. Er hat einen Flugschein für den Flug 371 nach Lissabon um 10.30 Uhr. Aber Herr
Huber kann keinen Lufthansa-Schalter sehen. Er fragt die Frau an der Information.
Hören Sie zu!

Herr Huber:	Entschuldigen Sie, wo bitte ist die Lufthansa?
Angestellte:	Sehen Sie diesen Korridor dort hinten? Da müssen Sie links gehen. Dann ist rechts die Lufthansa.
Herr Huber:	Vielen Dank!
Angestellte:	Bitte!

Antworten Sie!

Will Herr Huber nach Moskau fliegen?	Nein, er will nicht nach Moskau fliegen.
Wohin fliegt er?	Er fliegt nach Lissabon.
Sieht er den Lufthansa-Schalter?	Nein, er sieht ihn nicht.
Fragt er an einem Kiosk?	Nein, er fragt nicht an einem Kiosk.
Er fragt die Frau an der Information, stimmt's?	Ja, er fragt die Frau an der Information.

Gut. Am Schalter gibt man Herrn Huber seine Bordkarte und man sagt ihm, wo seine Maschine abfliegt. Herr Huber trinkt einen Kaffee, und dann kauft er an einem Kiosk eine Zeitung, weil er im Flugzeug etwas lesen will. Er sieht auf die Uhr.

Hören Sie zu!

> *Herr Huber: Was? 10.25 Uhr!! In 5 Minuten fliegt mein Flugzeug ab ...*

Antworten Sie!

Gibt man Herrn Huber eine Bordkarte?	Ja, man gibt ihm eine Bordkarte.
Sagt man ihm, wo seine Maschine abfliegt?	Ja, man sagt ihm, wo seine Maschine abfliegt.
Und was macht er dann? Trinkt er ein Bier?	Nein, er trinkt kein Bier.
Was trinkt er?	Er trinkt einen Kaffee.
Kauft er auch eine Zeitung?	Ja, er kauft auch eine Zeitung.
Will er etwas lesen?	Ja, er will etwas lesen.
Bitte, was will er lesen?	Er will eine Zeitung lesen.

Sehr gut.

Wiederholen Sie!

Er liest eine Zeitung.	
Er will eine Zeitung lesen.	
Er trinkt auch etwas.	
Er will auch etwas ...	Er will auch etwas trinken.
Er raucht nicht.	
Er darf nicht ...	Er darf nicht rauchen.
Wir gehen zum Flugzeug.	
Wir müssen zum Flugzeug ...	Wir müssen zum Flugzeug gehen.
Ich spreche mit Frau Küssel.	
Ich kann ...	Ich kann mit Frau Küssel sprechen.
Sie lernen Deutsch.	
Sie wollen ...	Sie wollen Deutsch lernen.
Wir sprechen kein Englisch.	
Wir dürfen ...	Wir dürfen kein Englisch sprechen.

Sehr schön.

Es ist Montag abend, 5 Uhr. Frau Küssel, eine Sekretärin, und Herr Huber kommen aus der Firma. Frau Küssel hat ein Italienischbuch in der Hand.
Hören Sie zu!

> *Herr Huber:* Sprechen Sie Italienisch, Frau Küssel?
>
> *Frau Küssel:* Nein, aber ich lerne Italienisch. Zweimal in der Woche.

Antworten Sie!

Kommen Herr Huber und Frau Küssel aus der Firma?	Ja, sie kommen aus der Firma.
Hat Frau Küssel ein Englischbuch in der Hand?	Nein, sie hat kein Englischbuch in der Hand.
Was hat sie in der Hand?	Sie hat ein Italienischbuch in der Hand.
Nimmt sie Italienischunterricht?	Ja, sie nimmt Italienischunterricht.

Sehr gut. Hören Sie zu!

> *Herr Huber:* Und warum lernen Sie Italienisch?
>
> *Frau Küssel:* Mein Mann und ich wollen dieses Jahr nach Italien fahren.
>
> *Herr Huber:* Sehr schön. Wo nehmen Sie Unterricht?
>
> *Frau Küssel:* Bei Berlitz, montags und donnerstags.
>
> *Herr Huber:* Aha!

Antworten Sie!

Lernt Frau Küssel bei Berlitz Italienisch?	Ja, sie lernt bei Berlitz Italienisch.
Lernt sie Italienisch, weil sie nach Frankreich fährt?	Nein, sie lernt nicht Italienisch, weil sie nach Frankreich fährt.
Bitte, warum lernt sie Italienisch?	Sie lernt Italienisch, weil sie nach Italien fährt.

Sehr gut.
Wiederholen Sie!
Sie lernt Italienisch.
Sie fährt nach Italien.
Sie lernt Italienisch, weil sie nach Italien fährt.

Sie will Neapel sehen. Sie lernt Italienisch, weil …	Sie lernt Italienisch, weil sie Neapel sehen will.
Sie hat Freunde in Rom. Sie lernt Italienisch, weil sie …	Sie lernt Italienisch, weil sie Freunde in Rom hat.

Schön. Hören Sie wieder zu!

> *Herr Huber:* Aha. Und wie ist es dort? Muß man viel lesen und schreiben?
>
> *Frau Küssel:* Oh, nein, wir sprechen. Und wir sprechen nur Italienisch im Unterricht.
>
> *Herr Huber:* Nur Italienisch?! Und das geht?
>
> *Frau Küssel:* Ja, das geht gut.

Antworten Sie!

Muß Frau Küssel im Unterricht viel lesen und schreiben?	Nein, sie muß im Unterricht nicht viel lesen und schreiben.
Aber sie muß viel sprechen, oder?	Ja, sie muß viel sprechen.
Spricht sie im Unterricht Deutsch?	Nein, sie spricht im Unterricht kein Deutsch.
Welche Sprache spricht sie im Unterricht?	Sie spricht im Unterricht Italienisch.

Gut. Hören Sie wieder zu!

> *Frau Küssel:* *Wir wiederholen, was der Lehrer sagt. Der Lehrer stellt uns Fragen, und wir antworten. Und dann stellen wir ihm Fragen, und er antwortet uns. Aber nie auf Deutsch, immer auf Italienisch.*
>
> *Herr Huber:* *Und Sie können alles verstehen?*
>
> *Frau Küssel:* *Ja, natürlich. Das ist die Berlitz-Methode. Kommen Sie einmal in die Schule, wenn Sie wollen. Dort können Sie mit dem Direktor sprechen. Er kann Ihnen alles erklären.*

Antworten Sie!

Erklärt Frau Küssel Herrn Huber die Berlitz-Methode?	Ja, sie erklärt ihm die Berlitz-Methode.
Wiederholt der Lehrer, was die Schüler sagen?	Nein, der Lehrer wiederholt nicht, was die Schüler sagen.
Die Schüler wiederholen, was der Lehrer sagt, oder?	Ja, die Schüler wiederholen, was der Lehrer sagt.
Stellt man auch Fragen?	Ja, man stellt auch Fragen.

Sehr gut. Hören Sie bitte noch einmal zu, und wiederholen Sie!

- *Entschuldigen Sie, wo bitte ist die Lufthansa?*
- *Sehen Sie diesen Korridor dort hinten?*
  Da müssen Sie links gehen.
  Dann ist rechts die Lufthansa.
- *Vielen Dank!*
- *Bitte!*
- *Was? 10.25 Uhr!!*
  In 5 Minuten fliegt mein Flugzeug ab.
  * * * *

- *Sprechen Sie Italienisch, Frau Küssel?*
- *Nein, aber ich lerne Italienisch.*
  Zweimal in der Woche.
- *Und warum lernen Sie Italienisch?*
- *Mein Mann und ich wollen dieses Jahr nach Italien fahren.*
- *Sehr schön. Wo nehmen Sie Unterricht?*

– *Bei Berlitz, montags und donnerstags.*
– *Aha. Und wie ist es dort?*
  Muß man viel lesen und schreiben?
– *Oh, nein, wir sprechen.*
  Und wir sprechen nur Italienisch im Unterricht.
– *Nur Italienisch?! Und das geht?*
– *Ja, das geht gut.*
  Wir wiederholen, was der Lehrer sagt.
  Der Lehrer stellt uns Fragen,
  und wir antworten.
  Und dann stellen wir ihm Fragen,
  und er antwortet uns.
  Aber nie auf Deutsch, immer auf Italienisch.
– *Und Sie können alles verstehen?*
– *Ja, natürlich. Das ist die Berlitz-Methode.*
  Kommen Sie einmal in die Schule, wenn Sie wollen.
  Dort können Sie mit dem Direktor sprechen.
  Er kann Ihnen alles erklären.

Ausgezeichnet. Tja, und das ist das Ende dieses Kapitels. Das ist das Ende von Kapitel 8. Vielen Dank und … auf Wiederhören!

Kapitel 9

Anne und Ulrich Lempert sitzen im Restaurant Bayrischer Hof. Ah, da kommt der Kellner.

Hören Sie zu!

Kellner:	*Guten Abend! Haben Sie schon bestellt?*
Ulrich:	*Noch nicht. Können wir die Speisekarte sehen?*
Kellner:	*Gern.*

Antworten Sie!

Haben Lemperts schon bestellt?	Nein, sie haben noch nicht bestellt.
Bittet Ulrich seine Frau um die Speisekarte?	Nein, er bittet nicht seine Frau um die Speisekarte.
Wen bittet er um die Speisekarte?	Er bittet den Kellner um die Speisekarte.
Möchten Lemperts die Speisekarte sehen, um ihr Essen zu bestellen?	Ja, sie möchten die Speisekarte sehen, um ihr Essen zu bestellen.

Sehr gut. Der Kellner bringt die Speisekarte.

Hören Sie zu!

Kellner:	*Möchten Sie schon etwas trinken?*
Ulrich:	*Ja, für mich bitte ein Bier.*
Anne:	*Und für mich ein Mineralwasser.*
Kellner:	*Ein Wasser, ein Bier. Kommt sofort.*

Antworten Sie!

Ulrich bestellt ein Bier, nicht?	Ja, er bestellt ein Bier.
Bestellt Anne auch ein Bier?	Nein, sie bestellt kein Bier.
Was bestellt sie?	Sie bestellt ein Mineralwasser.
Hat sie das Essen schon bestellt?	Nein, sie hat das Essen noch nicht bestellt.
Sie hat das Wasser schon bestellt, oder?	Ja, sie hat das Wasser schon bestellt.
Bitte, was hat sie schon bestellt?	Sie hat das Wasser schon bestellt.
Schön.	

Wiederholen Sie!

Sie hat das Wasser schon bestellt.
Sie hat das Essen noch nicht bestellt.

Sie hat die Zeitung schon gelesen.	
Sie hat die Speisekarte noch nicht …	Sie hat die Speisekarte noch nicht gelesen.
Sie hat das Essen schon bezahlt.	
Sie hat das Hotel noch nicht …	Sie hat das Hotel noch nicht bezahlt.
Sie hat den Park schon gesehen.	
Sie hat das Museum …	Sie hat das Museum noch nicht gesehen.

Sehr gut. Hören Sie zu!

> **Kellner:** *So bitte schön, ein Wasser, ein Bier. Möchten Sie jetzt bestellen?*
> **Ulrich:** *Also, ich hätte gern das Steak mit Kartoffeln und Salat.*
> **Anne:** *Für mich bitte das Fischfilet mit Pommes frites.*

Antworten Sie!

Wissen Lemperts schon, was sie möchten?	Ja, sie wissen schon, was sie möchten.
Nimmt Ulrich das Fischfilet mit Pommes frites?	Nein, er nimmt nicht das Fischfilet mit Pommes frites.
Wer nimmt das Fischfilet?	Anne nimmt das Fischfilet.
Und was bestellt Ulrich?	
Eine Suppe oder ein Steak?	Er bestellt ein Steak.
Möchte er ein Steak mit Spaghetti?	Nein, er möchte kein Steak mit Spaghetti.
Er möchte ein Steak mit Kartoffeln und Salat, richtig?	Ja, er möchte ein Steak mit Kartoffeln und Salat.
Gut. Hören Sie wieder zu!	

> **Kellner:** *Bitte sehr, einmal Steak und einmal Fischfilet. Guten Appetit!*
> **Anne:** *Vielen Dank, und noch ein Wasser bitte.*
> **Kellner:** *Bitte sehr.*

Antworten Sie!

Bringt der Kellner die Getränke?	Nein, er bringt nicht die Getränke.
Er bringt das Essen, stimmt's?	Ja, er bringt das Essen.

Bestellt Anne noch etwas zu trinken?   Ja, sie bestellt noch etwas zu trinken.

Bestellt sie ein Bier?   Nein, sie bestellt kein Bier.

Was bestellt sie?   Sie bestellt ein Wasser.

Sehr gut. Hören Sie zu!

> *Kellner: Hat es Ihnen geschmeckt?*
>
> *Ulrich: Danke, sehr gut!*
>
> *Kellner: Möchten Sie einen Nachtisch? Wir haben sehr guten Kuchen ...*
>
> *Ulrich: Nein danke! Aber können wir vielleicht zwei Kaffee haben? ... Und dann die Rechnung.*

Antworten Sie!

Hat Lemperts das Essen geschmeckt?   Ja, es hat ihnen geschmeckt.

Bestellen sie noch etwas?   Ja, sie bestellen noch etwas.

Bestellen sie einen Nachtisch?   Nein, sie bestellen keinen Nachtisch.

Was bestellen sie?   Sie bestellen zwei Kaffee.

Bitten sie noch einmal um die Speisekarte?   Nein, sie bitten nicht noch einmal um die Speisekarte.

Worum bitten sie?   Sie bitten um die Rechnung.

Wen bitten sie um die Rechnung?   Sie bitten den Kellner um die Rechnung.

Gut. Der Kellner bringt den Kaffee und schreibt die Rechnung.

Hören Sie wieder zu!

> *Kellner: So, das macht 54,80 DM.*

Ulrich legt 60 Mark auf den Tisch.

> *Ulrich: Stimmt so!*
>
> *Kellner: Vielen Dank!*
>
> *Ulrich: Bitte, bitte!*

Antworten Sie!

Hat Ulrich die Rechnung bezahlt?   Ja, er hat die Rechnung bezahlt.

Hat er mit Kreditkarte bezahlt?   Nein, er hat nicht mit Kreditkarte bezahlt.

Wie hat er bezahlt?   Er hat bar bezahlt.

Hat er dem Kellner auch ein Trinkgeld gegeben?   Ja, er hat ihm auch ein Trinkgeld gegeben.

Bitte, was hat er ihm gegeben?   Er hat ihm ein Trinkgeld gegeben.

Sehr gut.

Wiederholen Sie!

Ulrich gibt dem Kellner ein Trinkgeld.

Er hat ihm ein Trinkgeld gegeben.

Anne trinkt Kaffee.

Sie hat ...   Sie hat Kaffee getrunken.

Ulrich bittet um die Rechnung.

Er ...   Er hat um die Rechnung gebeten.

Lemperts nehmen den Bus.
Sie ...   Sie haben den Bus genommen.

Wir essen keinen Nachtisch.
Wir ...   Wir haben keinen Nachtisch gegessen.

Ich bestelle ein Taxi.
Ich ...   Ich habe ein Taxi bestellt.

Sehr gut. Jetzt hören Sie noch einmal zu und wiederholen Sie!

- *Guten Abend! Haben Sie schon bestellt?*
- *Noch nicht. Können wir die Speisekarte sehen?*
- *Gern. Möchten Sie schon etwas trinken?*
- *Ja, für mich bitte ein Bier.*
- *Und für mich ein Mineralwasser.*
- *Ein Wasser, ein Bier. Kommt sofort.*
- *So bitte schön, ein Wasser, ein Bier.*
  Möchten Sie jetzt bestellen?
- *Also, ich hätte gern das Steak mit Kartoffeln und Salat.*
- *Für mich bitte das Fischfilet mit Pommes frites.*
- *Bitte sehr, einmal Steak und einmal Fischfilet.*
  Guten Appetit!
- *Vielen Dank, und noch ein Wasser bitte.*
- *Bitte sehr.*
- *Hat es Ihnen geschmeckt?*
- *Danke, sehr gut!*
- *Möchten Sie einen Nachtisch?*
  Wir haben sehr guten Kuchen.
- *Nein danke!*
  Aber können wir vielleicht zwei Kaffee haben?
  Und dann die Rechnung.
- *So, das macht 54,80 DM.*
- *Stimmt so!*
- *Vielen Dank!*
- *Bitte, bitte!*

Ausgezeichnet. Und wir danken auch. Tja, das ist das Ende von Kapitel 9. Vielen Dank und ... auf Wiederhören!

Kapitel 10

Max Seibold arbeitet bei einer Computerfirma in Basel und ist oft geschäftlich in Frankreich und Belgien. Am Montag morgen spricht er mit einem Kollegen in der Firma.

Hören Sie zu!

Herr Seibold: Guten Morgen, Herr Hauser!

Herr Hauser: Morgen, Herr Seibold! Ich habe Sie schon einige Wochen nicht mehr gesehen. Waren Sie unterwegs?

Herr Seibold: Ich war mit meiner Familie in Brüssel, aber ich habe auch einen Kunden besucht.

Antworten Sie!

Arbeitet Herr Seibold bei einer Computerfirma?	Ja, er arbeitet bei einer Computerfirma.
War er letzte Woche in Amsterdam?	Nein, er war letzte Woche nicht in Amsterdam.
Wo war er?	Er war in Brüssel.
War er mit seiner Familie dort?	Ja, er war mit seiner Familie dort.
Aber Herr Seibold war auch geschäftlich unterwegs, oder?	Ja, er war auch geschäftlich unterwegs.
Hat er einen Kollegen oder einen Kunden besucht?	Er hat einen Kunden besucht.

Gut. Hören Sie zu!

Herr Hauser: Sind Sie geflogen?

Herr Seibold: Nein, wir sind mit dem Auto gefahren, weil wir auch Freunde in Luxemburg besucht haben.

Herr Hauser: Sind Sie lange mit dem Auto gefahren?

Herr Seibold: Viel zu lange. Mehr als sieben Stunden.

Antworten Sie!

Sind Seibolds mit dem Zug nach Brüssel gefahren?	Nein, sie sind nicht mit dem Zug nach Brüssel gefahren.
Womit sind sie gefahren?	Sie sind mit dem Auto gefahren.
Sind sie nur eine Stunde gefahren?	Nein, sie sind nicht nur eine Stunde gefahren.
Sie sind mehr als 7 Stunden gefahren, stimmt's?	Ja, sie sind mehr als 7 Stunden gefahren.
Bitte, wie lange sind sie gefahren?	Sie sind mehr als 7 Stunden gefahren.

Sehr gut.

Wiederholen Sie!

Sie fahren 7 Stunden.	
Sie sind 7 Stunden gefahren.	
Sie fahren um 12 Uhr ab.	
Sie sind um 12 Uhr …	Sie sind um 12 Uhr abgefahren.
Herr Seibold fährt nach Brüssel.	
Er ist …	Er ist nach Brüssel gefahren.
Frau Seibold bleibt zwei Tage.	
Sie …	Sie ist zwei Tage geblieben.

Seibolds kommen am Freitag zurück.
Sie …

Sie sind am Freitag zurückgekommen.

Wir fliegen nicht nach London.
Wir …

Wir sind nicht nach London geflogen.

Ich bleibe in Paris.
Ich …

Ich bin in Paris geblieben.

Wir kommen morgens an.
Wir …

Wir sind morgens angekommen.

Ich bin auch in Belgien.
Ich …

Ich bin auch in Belgien gewesen.

Sehr gut. Hören Sie wieder zu!

Herr Hauser: *Und wie lange sind Sie in Brüssel geblieben?*

Herr Seibold: *Nur eine Woche. Wir sind am Freitag wieder zurückgekommen …*

Antworten Sie!

Sind Seibolds nur einen Tag in
Brüssel geblieben?

Nein, sie sind nicht nur einen Tag in
Brüssel geblieben.

Sie sind eine Woche dort geblieben,
oder?

Ja, sie sind eine Woche dort geblieben.

Wie lange sind sie geblieben?

Sie sind eine Woche geblieben.

Sind sie heute zurückgekommen?

Nein, sie sind nicht heute
zurückgekommen.

Sind sie am Freitag oder Samstag
zurückgekommen?

Sie sind am Freitag zurückgekommen.

Schön. Hören Sie zu!

Herr Seibold: *Sagen Sie, Herr Hauser, waren Sie schon einmal in Brüssel?*

Herr Hauser: *Ja, aber nur geschäftlich. Ich habe nie etwas von der Stadt*
gesehen. Sie wissen ja, Termine, Termine und wieder Termine …

Herr Seibold: *Ja, ja, so ist es bis jetzt auch bei mir gewesen. Aber meine Frau*
hat vor ein paar Jahren in Brüssel gewohnt, und sie hat mir die
Stadt gezeigt. Brüssel ist ja eine internationale Stadt, und es gibt
dort viel zu sehen.

Antworten Sie!

War Herr Hauser schon einmal in
Brüssel?

Ja, er war schon einmal in Brüssel.

Hat er etwas von der Stadt gesehen?

Nein, er hat nichts von der
Stadt gesehen.

Warum? Hat er viele Termine gehabt?

Ja, er hat viele Termine gehabt.

Und Herr Seibold? Hat er
viel von Brüssel gesehen?

Ja, er hat viel von Brüssel gesehen.

Hat ihm jemand die Stadt gezeigt?

Ja, jemand hat ihm die Stadt gezeigt.

Wer hat ihm die Stadt gezeigt?

Seine Frau hat ihm die Stadt gezeigt.

Gibt es in Brüssel viel zu sehen? Ja, es gibt in Brüssel viel zu sehen.

Gut. Hören Sie wieder zu!

Herr Seibold: *Brüssel ist ja eine internationale Stadt, und es gibt dort viel zu sehen.*

Herr Hauser: *Sehr interessant. Und wo haben Sie gewohnt?*

Herr Seibold: *Im Hotel Métropole. Kennen Sie das?*

Herr Hauser: *Ja, natürlich. Ich habe auch schon dort gewohnt. Das ist ein ausgezeichnetes Hotel … Aber ich war lange nicht mehr in Brüssel.*

Herr Seibold: *Also Herr Hauser, wenn Sie geschäftlich wieder nach Brüssel fahren müssen, sprechen Sie mit mir. Ich kann Ihnen ein paar gute Tips geben.*

Antworten Sie!

Haben Seibolds im Hotel Olympia gewohnt? Nein, sie haben nicht im Hotel Olympia gewohnt.

In welchem Hotel haben sie gewohnt? Sie haben im Hotel Métropole gewohnt.

Kennt Herr Hauser dieses Hotel? Ja, er kennt es.

Aber er war schon lange nicht mehr in Brüssel, oder? Ja, er war schon lange nicht mehr in Brüssel.

Sehr gut. Hören Sie bitte noch einmal zu und wiederholen Sie!

– *Guten Morgen, Herr Hauser!*
– *Morgen, Herr Seibold!*
  Ich habe Sie schon einige Wochen nicht mehr gesehen.
  Waren Sie unterwegs?
– *Ich war mit meiner Familie in Brüssel,*
  aber ich habe auch einen Kunden besucht.
– *Sind Sie geflogen?*
– *Nein, wir sind mit dem Auto gefahren,*
  weil wir auch Freunde in Luxemburg besucht haben.
– *Sind Sie lange mit dem Auto gefahren?*
– *Viel zu lange. Mehr als sieben Stunden.*
– *Und wie lange sind Sie in Brüssel geblieben?*
– *Nur eine Woche.*
  Wir sind am Freitag wieder zurückgekommen.
  Sagen Sie, Herr Hauser,
  waren Sie schon einmal in Brüssel?
– *Ja, aber nur geschäftlich.*
  Ich habe nie etwas von der Stadt gesehen.
  Sie wissen ja, Termine, Termine und wieder Termine.

– *Ja, ja, so ist es bis jetzt auch bei mir gewesen.*
   Aber meine Frau hat vor ein paar Jahren in Brüssel gewohnt,
   und sie hat mir die Stadt gezeigt.
   Brüssel ist ja eine internationale Stadt,
   und es gibt dort viel zu sehen.

– *Sehr interessant. Und wo haben Sie gewohnt?*

– *Im Hotel Métropole. Kennen Sie das?*

– *Ja, natürlich. Ich habe auch schon dort gewohnt.*
   Das ist ein ausgezeichnetes Hotel.
   Aber ich war lange nicht mehr in Brüssel.

– *Also Herr Hauser,*
   wenn Sie geschäftlich wieder nach Brüssel fahren müssen,
   sprechen Sie mit mir.
   Ich kann Ihnen ein paar gute Tips geben.

Ausgezeichnet. Ja, und das ist das Ende von Kapitel 10. Vielen Dank und … auf Wiederhören!

Kapitel 11

Anita Bauer hat heute morgen in der Boutique Pierre ein modisches Kostüm gesehen, das ihr gut gefallen hat. Nach der Arbeit geht sie in die Boutique.

Hören Sie zu!

Verkäuferin: *Guten Abend! Kann ich Ihnen etwas zeigen?*

Anita: *Ja. In Ihrem Fenster hängen zwei Kostüme. Kann ich bitte das grüne sehen?*

Verkäuferin: *Aber natürlich.*

Antworten Sie!

Geht Anita nach der Arbeit in eine Boutique?	Ja, sie geht nach der Arbeit in eine Boutique.
Hat sie etwas gesehen, das ihr gefällt?	Ja, sie hat etwas gesehen, das ihr gefällt.
Hat sie ein Kleid gesehen?	Nein, sie hat kein Kleid gesehen.
Was hat sie gesehen?	Sie hat ein Kostüm gesehen.
Und die Farbe des Kostüms gefällt ihr, oder?	Ja, die Farbe des Kostüms gefällt ihr.
Bitte, was gefällt ihr?	Die Farbe des Kostüms gefällt ihr.

Gut.

Wiederholen Sie!
die Farbe – das Kostüm
die Farbe des Kostüms
die Mode – die Boutique
die Mode der …   die Mode der Boutique

das Schaufenster – dieser Laden
das Schaufenster ...

das Schaufenster dieses Ladens

das Angebot – unser Geschäft
das Angebot ...

das Angebot unseres Geschäfts

das Leder – meine Schuhe
das Leder ...

das Leder meiner Schuhe

der Rock – ihr Kostüm
der Rock ...

der Rock ihres Kostüms

Sehr gut. Die Verkäuferin bringt das Kostüm.

Hören Sie zu!

Verkäuferin: So ... Hier, bitte. Es ist wirklich sehr elegant.

Anita: Und wie teuer ist es?

Verkäuferin: Normalerweise 220 DM. Aber jetzt im Sonderangebot kostet es 150.

Antworten Sie!

Bringt die Verkäuferin einen Anzug?

Nein, sie bringt keinen Anzug.

Was bringt sie?

Sie bringt ein Kostüm.

Ist das Kostüm sportlich oder elegant?

Es ist elegant.

Kostet es normalerweise 220 DM
oder 150 DM?

Es kostet normalerweise 220 DM.

Aber jetzt ist es billiger, oder?

Ja, jetzt ist es billiger.

Ist es billiger, weil es alt ist oder
weil es im Sonderangebot ist?

Es ist billiger, weil es im Sonderangebot
ist.

Gut. Hören Sie wieder zu!

Anita: Sagen Sie, woraus ist das Kostüm?

Verkäuferin: Aus Wolle. Welche Größe haben Sie?

Anita: 38 oder 40.

Verkäuferin: Einen Moment bitte. Ich weiß nicht, ob wir Größe 38 haben.

Antworten Sie!

Ist das Kostüm aus Leder?

Nein, es ist nicht aus Leder.

Ist es aus Seide?

Nein, es ist auch nicht aus Seide.

Es ist aus Wolle, oder?

Ja, es ist aus Wolle.

Bitte, woraus ist das Kostüm?

Es ist aus Wolle.

Sehr gut. Hören Sie zu!

*Verkäuferin: Wir haben leider nur noch Größe 40. Probieren Sie es einmal an.
Die Umkleidekabinen sind dort drüben.*

Anita: Vielen Dank!

Antworten Sie!

Bringt die Verkäuferin Größe 38?

Nein, sie bringt nicht Größe 38.

Welche Größe bringt sie?

Sie bringt Größe 40.

Es gibt nur noch diese Größe, oder?

Ja, es gibt nur noch diese Größe.

Probiert Anita das Kostüm zu Hause an?   Nein, sie probiert es nicht zu Hause an.

Sie probiert es in der Umkleidekabine an, nicht?   Ja, sie probiert es in der Umkleidekabine an.

Bitte, wo probiert sie es an?   Sie probiert es in der Umkleidekabine an.

Gut. Anita geht in die Umkleidekabine, zieht das Kostüm an und kommt zurück. Hören Sie zu!

> *Verkäuferin:*   *Und, paßt es Ihnen?*
>
> *Anita:*   *Ja, und es gefällt mir auch. Aber ich finde, der Rock ist etwas zu kurz fürs Büro.*
>
> *Verkäuferin:*   *Aber nein. Das ist die neue Mode. Man trägt heute wieder kurz. Aber wenn Sie möchten, kann ich Ihnen ein Kostüm mit einem Rock zeigen, der etwas länger ist.*
>
> *Anita:*   *Hm ... Ich weiß nicht ...*

Antworten Sie!

Hat Anita das Kostüm anprobiert?   Ja, sie hat es anprobiert.

Paßt es ihr oder paßt es ihr nicht?   Es paßt ihr.

Findet Anita, daß der Rock zu lang ist?   Nein, sie findet nicht, daß der Rock zu lang ist.

Findet sie, daß er zu lang oder zu kurz ist?   Sie findet, daß er zu kurz ist.

Aber das ist die neue Mode, oder?   Ja, das ist die neue Mode.

Gut. Anita kommt wieder aus der Umkleidekabine. Hören Sie zu!

> *Anita:*   *Ich glaube, ich komme morgen noch einmal. Ich möchte das Kostüm lieber einer Freundin zeigen und sehen, was sie davon hält. Vielen Dank!*
>
> *Verkäuferin:*   *Gern geschehen!*

Antworten Sie!

Hat Anita das Kostüm gekauft?   Nein, sie hat es nicht gekauft.

Möchte sie es jemandem zeigen, bevor sie es kauft?   Ja, sie möchte es jemandem zeigen, bevor sie es kauft.

Wem will sie es zeigen?   Sie will es einer Freundin zeigen.

Sie will sehen, was ihre Freundin von dem Kostüm hält, nicht?   Ja, sie will sehen, was ihre Freundin von dem Kostüm hält.

Will sie heute abend oder morgen noch einmal kommen?   Sie will morgen noch einmal kommen.

Sehr gut. Hören Sie bitte noch einmal zu und wiederholen Sie!

- *Guten Abend! Kann ich Ihnen etwas zeigen?*
- *Ja. In Ihrem Fenster hängen zwei Kostüme. Kann ich bitte das grüne sehen?*

– Aber natürlich.
So … Hier, bitte.
Es ist wirklich sehr elegant.

– Und wie teuer ist es?

– Normalerweise 220 DM.
Aber jetzt im Sonderangebot kostet es 150.

– Sagen Sie, woraus ist das Kostüm?

– Aus Wolle.
Welche Größe haben Sie?

– 38 oder 40.

– Einen Moment bitte.
Ich weiß nicht, ob wir Größe 38 haben.
Wir haben leider nur noch Größe 40.
Probieren Sie es einmal an.
Die Umkleidekabinen sind dort drüben.

– Vielen Dank!

– Und, paßt es Ihnen?

– Ja, und es gefällt mir auch.
Aber ich finde,
der Rock ist etwas zu kurz fürs Büro.

– Aber nein. Das ist die neue Mode.
Man trägt heute wieder kurz.
Aber wenn Sie möchten,
kann ich Ihnen ein Kostüm mit einem Rock zeigen,
der etwas länger ist.

– Hm … Ich weiß nicht …
Ich glaube, ich komme morgen noch einmal.
Ich möchte das Kostüm lieber einer Freundin zeigen
und sehen, was sie davon hält.
Vielen Dank!

– Gern geschehen!

Ausgezeichnet! Tja, und das ist das Ende von Kapitel 11, das Ende des
11. Kapitels. Vielen Dank und … auf Wiederhören!

Kapitel 12

Es ist schon 19.30 Uhr, und außer Klaus Huber ist niemand mehr im Büro. Er war bis
19 Uhr in einer langen Besprechung, und jetzt hat er großen Hunger. Bevor er aus
dem Büro geht, ruft er seine Frau an.

Hören Sie zu!

Ulrike: Ulrike Huber!

Klaus: Ich bin's, Klaus! Wie wär's mit einem guten Abendessen in der
Bürgerstube?

Ulrike: Oh ja, prima! Dort gibt es doch die ausgezeichneten Maultaschen.

Antworten Sie!

Hat Klaus seine Frau angerufen?	Ja, er hat seine Frau angerufen.
Hat er angerufen, nachdem er aus dem Büro gegangen ist?	Nein, er hat nicht angerufen, nachdem er aus dem Büro gegangen ist.
Wann hat er angerufen?	Er hat angerufen, bevor er aus dem Büro gegangen ist.
Möchte er mit Ulrike ins Kino gehen?	Nein, er möchte nicht mit ihr ins Kino gehen.
Er möchte mit ihr in die Bürgerstube gehen, oder?	Ja, er möchte mit ihr in die Bürgerstube gehen.

Gut. Hören Sie zu!

Klaus: Aber leider kann ich noch nicht kommen. Ich habe noch ungefähr eine Stunde im Büro zu tun.

Ulrike: Na gut, ich kann ja schon einen Tisch reservieren. Sagen wir um 9 Uhr?

Klaus: Gut, um 9 Uhr in der Bürgerstube.

Antworten Sie!

Kann Klaus schon ins Restaurant kommen?	Nein, er kann noch nicht ins Restaurant kommen.
Sagt er, daß er noch eine Stunde zu tun hat?	Ja, er sagt, daß er noch eine Stunde zu tun hat.
Bitte, was sagt er?	Er sagt, daß er noch eine Stunde zu tun hat.
Und er sagt, daß er um 9 Uhr ins Restaurant kommt, stimmt's?	Ja, er sagt, daß er um 9 Uhr ins Restaurant kommt.

Schön.

Wiederholen Sie!

"Ich komme um 9 Uhr."
Er sagt, daß er um 9 Uhr kommt.

"Ich habe noch eine Stunde zu tun." Er sagt, daß er noch eine Stunde …	Er sagt, daß er noch eine Stunde zu tun hat.
"Ich muß noch arbeiten." Er sagt, daß …	Er sagt, daß er noch arbeiten muß.
"Die Besprechung hat lange gedauert."	Er sagt, daß die Besprechung lange gedauert hat.
"Ist das Restaurant geöffnet?" Er fragt, ob …	Er fragt, ob das Restaurant geöffnet ist.
"Muß ich einen Tisch reservieren?" Er fragt, …	Er fragt, ob er einen Tisch reservieren muß.
"Darf man dort rauchen?" Er …	Er fragt, ob man dort rauchen darf.

Sehr gut! Klaus kommt um Viertel nach 9 im Restaurant an.

Hören Sie zu!

> Klaus: *Tut mir leid, aber ein Kunde aus Kanada hat noch angerufen ...*
>
> Ulrike: *Das macht nichts. Ich habe schon einen Wein bestellt.*

Antworten Sie!

Kommt Klaus um Viertel nach 9?	Ja, er kommt um Viertel nach 9.
Hat ein Kunde angerufen?	Ja, ein Kunde hat angerufen.
War das ein Kunde aus Deutschland?	Nein, das war kein Kunde aus Deutschland.
Ein Kunde aus Kanada hat angerufen, stimmt's?	Ja, ein Kunde aus Kanada hat angerufen.
Hat Ulrike schon etwas bestellt?	Ja, sie hat schon etwas bestellt.
Hat sie ein Bier bestellt?	Nein, sie hat kein Bier bestellt.
Was hat sie bestellt?	Sie hat einen Wein bestellt.

Sehr gut. Der Kellner kommt mit dem Wein und der Speisekarte.

Hören Sie zu!

> Kellner: *Darf ich Ihnen etwas zu trinken bringen?*
>
> Klaus: *Ja, ich hätte gern ein Bier.*

Antworten Sie!

Bringt der Kellner die Speisekarte?	Ja, er bringt die Speisekarte.
Was bringt er noch?	Er bringt einen Wein.
Fragt er, ob er noch etwas zu trinken bringen soll?	Ja, er fragt, ob er noch etwas zu trinken bringen soll.
Und was soll er bringen?	Er soll ein Bier bringen.

Gut. Hören Sie zu!

> Kellner: *Hier bitte, Ihr Bier ... Was kann ich Ihnen zu essen bringen?*
>
> Ulrike: *Ich nehme einen Salat und dann Maultaschen. Die sind hier wunderbar.*
>
> Kellner: *Oh ... vielen Dank! Maultaschen sind unsere Spezialität.*

Antworten Sie!

Bestellt Ulrike einen Salat?	Ja, sie bestellt einen Salat.
Möchte sie auch ein Steak?	Nein, sie möchte kein Steak.
Bestellt sie Spaghetti oder Maultaschen?	Sie bestellt Maultaschen.
Sind die Maultaschen hier sehr gut oder nicht so gut?	Sie sind hier sehr gut.
Sie sind eine Spezialität des Restaurants, stimmt's?	Ja, sie sind eine Spezialität des Restaurants.

Gut. Hören Sie zu!

> Kellner: *Und für den Herrn?*
>
> Klaus: *Was können Sie heute empfehlen?*

Kellner: *Wir haben eine sehr gute Gemüsesuppe. Als Hauptgericht haben wir Sauerbraten mit Spätzle, eine andere Spezialität des Hauses.*

Klaus: *Gut, das nehme ich.*

Antworten Sie!

Hat Klaus auch Maultaschen bestellt?   Nein, er hat keine Maultaschen bestellt.

Er hat Sauerbraten bestellt, nicht?   Ja, er hat Sauerbraten bestellt.

Bitte, was hat er bestellt?   Er hat Sauerbraten bestellt.

Gut.

Wiederholen Sie!

Er bestellt Sauerbraten.

Er hat Sauerbraten bestellt.

Klaus kommt um Viertel nach 9.

Er ist um Viertel nach 9 …   Er ist um Viertel nach 9 gekommen.

Ulrike bestellt Wein.

Sie hat Wein …   Sie hat Wein bestellt.

Hubers lesen die Speisekarte.

Sie …   Sie haben die Speisekarte gelesen.

Ich gehe auch in das Restaurant.   Ich bin auch in das Restaurant

Ich …   gegangen.

Prima. Hören Sie bitte nochmal zu und wiederholen Sie!

– *Ulrike Huber!*

– *Ich bin's, Klaus!*
  Wie wär's mit einem guten Abendessen in der Bürgerstube?

– *Oh ja, prima!*
  Dort gibt es doch die ausgezeichneten Maultaschen.

– *Aber leider kann ich noch nicht kommen.*
  Ich habe noch ungefähr eine Stunde im Büro zu tun.

– *Na gut, ich kann ja schon einen Tisch reservieren.*
  Sagen wir um 9 Uhr?

– *Gut, um 9 Uhr in der Bürgerstube.*
  * * * *

– *Tut mir leid,*
  aber ein Kunde aus Kanada hat noch angerufen.

– *Das macht nichts.*
  Ich habe schon einen Wein bestellt.

– *Darf ich Ihnen etwas zu trinken bringen?*

– *Ja, ich hätte gern ein Bier.*

– *Hier bitte, Ihr Bier.*
  Was kann ich Ihnen zu essen bringen?

– *Ich nehme einen Salat und dann Maultaschen.*
  Die sind hier wunderbar.

– *Oh ... vielen Dank!*
  Maultaschen sind unsere Spezialität.
  Und für den Herrn?
– *Was können Sie heute empfehlen?*
– *Wir haben eine sehr gute Gemüsesuppe.*
  Als Hauptgericht haben wir Sauerbraten mit Spätzle,
  eine andere Spezialität des Hauses.
– *Gut, das nehme ich.*

Ausgezeichnet. Hubers essen noch, aber für uns ist das Kapitel hier zu Ende. Tja, das ist das Ende von Kapitel 12 und auch das Ende dieses Kurses. Vielen Dank und ... auf Wiederhören!